Versuch über die Vorsatzzurechnung am Beispiel der *aberratio ictus*

Europäische Hochschulschriften
Publications Universitaires Européennes
European University Studies

Reihe II
Rechtswissenschaft

Série II Series II
Droit
Law

Bd./Vol. 4691

PETER LANG
Frankfurt am Main · Berlin · Bern · Bruxelles · New York · Oxford · Wien

Antonio Martins

Versuch über die Vorsatzzurechnung am Beispiel der *aberratio ictus*

PETER LANG
Internationaler Verlag der Wissenschaften

Bibliografische Information der Deutschen Nationalbibliothek
Die Deutsche Nationalbibliothek verzeichnet diese Publikation
in der Deutschen Nationalbibliografie; detaillierte bibliografische
Daten sind im Internet über <http://www.d-nb.de> abrufbar.

Gedruckt auf alterungsbeständigem,
säurefreiem Papier.

ISSN 0531-7312
ISBN 978-3-631-57486-7

© Peter Lang GmbH
Internationaler Verlag der Wissenschaften
Frankfurt am Main 2008
Alle Rechte vorbehalten.

Das Werk einschließlich aller seiner Teile ist urheberrechtlich
geschützt. Jede Verwertung außerhalb der engen Grenzen des
Urheberrechtsgesetzes ist ohne Zustimmung des Verlages
unzulässig und strafbar. Das gilt insbesondere für
Vervielfältigungen, Übersetzungen, Mikroverfilmungen und die
Einspeicherung und Verarbeitung in elektronischen Systemen.

Printed in Germany 1 2 3 4 5   7

www.peterlang.de

Meinen Eltern

WLADIMIR: Sicher ist, dass die Zeit unter solchen Umständen lange dauert und uns dazu treibt, sie mit Tätigkeiten auszufüllen, die – wie soll man sagen – auf den ersten Blick vernünftig erscheinen können, an die wir uns aber gewöhnt haben. Du wirst mir sagen, dass es geschieht, um unseren Verstand vor dem Untergang zu bewahren. Klar. Aber irrt er nicht schon in der ewigen Nacht unergründlicher Tiefen? Das frage ich mich manchmal. Folgst du meiner Gedankenfolge?

Samuel Beckett – *Warten auf Godot*

Vorwort

Es ist selten, dass eine Magisterarbeit zur Veröffentlichung empfohlen wird. Hinsichtlich der vorliegenden Arbeit bin ich der Meinung, dass sie es nicht nur aufgrund ihres hohen wissenschaftlichen Niveaus verdient, publiziert zu werden, sondern dass ihre Veröffentlichung im Interesse der wissenschaftlichen Auseinandersetzung angezeigt ist. Denn die Arbeit leistet einen ebenso provokativen wie bedenkenswerten Beitrag zur strafrechtswissenschaftlichen Grundlagendiskussion.

Vordergründig handelt es sich um eine strafrechtsdogmatische Untersuchung, die sich mit dem Problem der Vorsatzzurechnung am Beispiel der *aberratio ictus* (und damit zugleich mit der Abgrenzung der Konstellation der *aberratio ictus* von der des *error in persona*) befasst. Tatsächlich aber reichen Anspruch und Ertrag der Arbeit erheblich weiter. Es geht Herrn Martins um nicht weniger als um eine exemplarische Kritik der Strafrechtsdogmatik und ihres Anspruchs, rationale Entscheidungen strafrechtlicher Zurechnungsfragen – oder jedenfalls eine rationale Begründung strafrechtlicher Zurechnungsentscheidungen - zu ermöglichen. Dieses anspruchsvolle, für eine Magisterarbeit fast vermessen zu nennende Unternehmen ist in hohem Maße und auf hohem wissenschaftlichen Niveau gelungen.

Herr Martins weist in einer scharfsinnigen Analyse der Diskussion zur Relevanz der *aberratio ictus* nach, nach, dass die in diesem Zusammenhang verwendeten Argumentationsmuster einer kritischen Überprüfung nicht Stand halten. Die Strafrechtsdogmatik ist hier, so die Diagnose des Verfassers, nicht überzeugend, oft widersprüchlich, jedenfalls: inkongruent. Das führt zu der Frage, ob es eine Argumentationsebene jenseits der Dogmatik gibt, auf der die Probleme überzeugend zu lösen sind. Angesprochen werden auf dieser Meta-Ebene das Rechtsgefühl, die Kriminalpolitik und der Anspruch auf Wissenschaftlichkeit. Auch hier fällt das Ergebnis negativ aus. Auch unter Berücksichtigung der Argumente der zweiten Ebene bleibe die Entscheidung dezisionistisch. Das bedeutet: die Argumentation kann eine Entscheidung nicht rational kontrollieren (und schon gar nicht eine rationale Entscheidung konstituieren); sie erschöpft sich in dem bloßen Versuch, der vorgängig getroffenen Entscheidung „den Schein von Rationalität zu verleihen".

Dieser Befund, den Herr Martins andeutungsweise mit der These der Ungerechtigkeit des heutigen Strafrechts (und tendenziell jeglichen Strafrechts) verbindet, bedeutet nicht, dass für Strafrechtsdogmatik als rationale, wissenschaftliche Disziplin kein Raum mehr bliebe. Ihr kommt, im Gegenteil, die wichtige Aufgabe zu, „innerhalb einer irrationalen Systematik Wege zur Gerechtigkeit zu weisen". Der Grundgedanke ist, dass die Zweifel, die angesichts der mangelnden Steuerungs- und Kontrollleistung der Strafrechtsdogmatik bei den umstrittenen Fragen der Strafrechtsanwendung unvermeidbar verbleiben, nicht zu Lasten des Beschuldigten gehen dürfen.

Das hat weitreichende Konsequenzen für die strafrechtsdogmatische Regelbildung. So soll das Prinzip „in dubio pro reo", das nach bisher praktisch einhelliger Meinung lediglich auf die der Verurteilung zugrunde zu legende Tatsachenbasis Anwendung findet, auch im Bereich strafrechtsdogmatischer Streitfragen Geltung beanspruchen können. Insgesamt ist das Ziel der Arbeit die Aufklärung über notwendige Irrationalitäten der Strafrechtsdogmatik und die Entwicklung von Vorschlägen, rational mit diesen Irrationalitäten umzugehen, nicht aber die Ersetzung einer partiell irrationalen Strafrechtsdogmatik durch die gesteigerte Irrationalität offener Willkür.

Die Arbeit von Herrn Martins ist für die Strafrechtsdogmatik gleichwohl eine Herausforderung – nach meiner Einschätzung eine Herausforderung, die es verdient, zur Kenntnis genommen zu werden.

Prof. Dr. Ulfrid Neumann

Inhaltsverzeichnis

0. Einleitung 15
1. Der Knotenpunkt: aberratio ictus als Beispiel 21
   1.1 Präzisierung und Verortung 22
      1.11 Lokalisierung innerhalb der Deliktstruktur 22
      1.12 Differenzierung von anderen dogmatischen Figuren 24
         1.121 Von anderen Kausalabweichungen 24
         1.122 Vom error in persona vel objecto 25
            1.1221 Erste Fallkonstellation: Standardfälle 27
            1.1222 Zweite Fallkonstellation: Mangel an sinnlicher Wahrnehmung des Objekts 30
      1.13 Unumstrittene Fälle 32
   1.2 Rechtliche Relevanz und Konsequenzen. Die Argumente erster Stufe 34
      1.21 Argumente für die Unbeachtlichkeit 35
         1.211 Der Gesetzwortlaut und das Gattungsargument 35
         1.212 Adäquanz des Kausalverlaufs 37
         1.213 Strafbarkeitslücke 38
         1.214 Das Erfolgsprinzip 38
         1.215 Der Täter darf nicht über die Zurechnung entscheiden 39
      1.22 Argumente für die Beachtlichkeit 40
         1.221 Die Erforderlichkeit der Konkretisierung 40
         1.222 Fehlende Beherrschung des Kausalverlaufs 41
         1.223 Das Schuldprinzip und der Zufall 42
         1.224 Kongruenz zwischen Risikoschaffung und Risikorealisierung 42
         1.225 Die Planverwirklichung 42
         1.226 Das Referenzprinzip und der Differenzierungsgrundsatz 43
         1.227 Die Identität des Objekts 44
         1.228 Das Rechtsgut 44
   1.3 Nebenprobleme 47
      1.31 Die Notwehr 47
         1.311 Erste Fallkonstellation: Verletzung eines Unbeteiligten 47
         1.312 Zweite Fallkonstellation: Verletzung eines anderen Angreifers 48
      1.32 Täterschafts- und Teilnahmelehre 49

1.321 Erste Fallkonstellation: error in persona des unmittelbaren Täters bei Anstiftung und Beihilfe 49
1.322 Zweite Fallkonstellation: error in persona des unmittelbaren Täters bei mittelbarer Täterschaft 50
1.323 Dritte Fallkonstellation: wegen error in persona eines Mittäters, ein anderer Mittäter wird verletzt 51
1.33 actio libera in causa 51

2. Der Hintergrund. Miszellen von strafrechtlichen Themen 53
   2.1 Implikationen. Strafe, Moral, Legitimation 53
   2.2 Wege. Legitimation, Gerechtigkeit, Zurechnung 54

3. Die Fäden: Verallgemeinerung und Kritik der Argumente erster Stufe zur Problematik der Vorsatzzurechnung 59
   3.1 Im Kern: Begriffsbildung des Vorsatzes 59
      3.11 Zwischen Ontologie und Normativismus 59
      3.12 Wille und Vorstellung 64
   3.2 Am Rande: Zurechnung zum Vorsatz 66
      3.21 Vorsatzkonkretisierung: Zwischen Gesetzeswortlaut und juristischer Hermeneutik 67
      3.22 Das Verhältnis zum Kausalverlauf 72
      3.23 Das Plankriterium 74
      3.24 Prinzipienargumentation 74
      3.25 Vorsatz und Risikoverwirklichung 76
      3.26 Das Rechtsgut 77
   3.3 Bilanz: intradogmatische Inkongruenzen 79

4. Die Versatzstücke: Rettungsversuche der Vorsatzdogmatik 81
   4.1 Das Netz immer wieder aufbauen. Auseinandersetzung mit Argumenten zweiter Stufe 81
      4.11 Das Rechtsgefühl 81
      4.12 Die Kriminalpolitik 84
         4.121 Was ist Kriminalpolitik? 84
         4.122 Das Verhältnis zwischen Kriminalpolitik und Strafrechtsdogmatik .. 86
         4.123 Der „kriminalpolitische" Beitrag zu Problemen der Vorsatzzurechnung 87
      4.13 Die Wissenschaftlichkeit 87
   4.2 Bilanz: Dezisionismus in der strafrechtlichen Diskussion 89

5. Das Netz: Der strafrechtliche Diskurs 91
   5.1 Die Zerbrechlichkeit des strafrechtlichen Diskurses: Gerechtigkeit vor einem Hintergrund von Inkongruenzen 91
   5.2 Systematik und Antisystematik als Lösung 92
   5.3 Basis und Umstrukturierung der Argumentation um die Vorsatzzurechnung: der Grundsatz in dubio pro reo 93
      5.31 Skizze der Orientierungsgrundlagen der Vorsatzzurechnung. Thesen. 93
      5.32 In dubio pro reo: ein negativer Grundsatz 95
   5.4 Zum spezifischen Bereich der aberratio ictus. Kleine Anwendungsmodelle 96

6. Schluss: Ein zerrissenes Netz 99

Literatur 101

0. Einleitung

> „Eine wissenschaftliche Theorie könnte daher mit einem räumlichen Netzwerk verglichen werden: ihre Terme stellen die Knoten dar, während die sie verbindenden Fäden teilweise die Definitionen und den grundlegenden und derivativen Hypothesen entsprechen, die in der Theorie enthalten sind."
>
> Carl Gustav Hempel, *Grundzüge der Begriffsbildung in der empirischen Wissenschaft*

Wenn man sich mit alten Themen der Strafrechtsdogmatik beschäftigt, kann man zwei mögliche Wege gehen, die verschiedenen wissenschaftlichen Ansprüchen entsprechen. Entweder will man eine neue Lösung des Problems finden, was normalerweise mit konstruktiven Argumentationsbeiträgen oder neuen methodologischen Ansatzpunkten verbunden ist, oder, in einer bescheideneren Weise, man gibt sich damit zufrieden, die alten Theorien zu sammeln und zu analysieren, um ihre Vorteile und Nachteile herauszustellen. Indirekt leistet auch dieser Weg einen konstruktiven Beitrag, insofern er darauf hinweist, welche dogmatischen Vorschläge noch aufrechtzuerhalten sind.

Diese Arbeit verzichtet auf beide Wege. Einerseits, weil wir nicht glauben, dass auf der dogmatischen Ebene etwas Neues über das Strafrechtsproblem der aberratio ictus (Abirrung der Tat) gesagt werden kann[1]. Andererseits wurden die verschiedenen Theorien zu diesem Thema schon mehrmals in Dissertationen, Lehrbüchern und Aufsätze dargestellt, systematisiert und ausführlich analysiert. Sogar mehr, viel mehr, als das, was das praktische Gewicht des Themas rechtfertigen könnte[2]. Schließlich glauben wir nicht, dass eine definitive Lösung zum

---

[1] Wenn Alwart (1979: 351) die Frage stellt, ob „es zum ‚*Fall Rose/Rosahl*' überhaupt noch etwas zu sagen [gibt], was noch nicht gesagt wurde" – und es wäre nicht sinnlos, diese Frage im Hinblick auf die gesamte Problematik der aberratio ictus zu stellen – neigen wir dazu, sie mit einem klarem Nein zu beantworten. Mindestens, was die dogmatische Bearbeitung des Themas betrifft. Des Weiteren sind wir skeptisch gegenüber *präziseren* Begründungen der alten Lösungen, wie bei den folgenden Überlegungen von Alwart (1979: 352), „dass manches, was als Ergebnis nach dem Stand der wissenschaftlichen Diskussion nichts Neues bringt, doch vergleichsweise größere Präzision in der Begründung anstreben kann, und dass die hier vorgelegte ‚Lösung' gegenüber einem Problembewusstsein, wie es hinsichtlich dieses Falls üblicherweise besteht, einige Akzente anders setzt", anerkannt wird. Vielmehr scheint es, dass die Diskussion des Problems „Fragen aufwirft, die noch heute so aktuell sind wie damals." (Alwart, 1979: 352) Dass sich diese Fragen mit rein dogmatischen Mitteln nicht beantworten lassen, ist der Ausgangspunkt dieser Arbeit.

[2] Mit Recht behauptet Puppe (1992: 20), dass „die praktische Relevanz der Fälle von aberratio ictus (...) sicher nicht das theoretische Interesse [rechtfertigt], das sie allenthalben finden (...)" und dass „es [...] niemals allein um die richtige Lösung dieser Fälle [geht], sondern immer

Problem überhaupt beigebracht werden könnte, so dass ein wissenschaftliches Unternehmen in dieser Richtung schon *ab ovo* zum Scheitern verurteilt wäre. Mit solchen Perspektiven ist im Prinzip, so scheint es, nicht viel anzufangen. Trotz des Titels dieser Arbeit geht es hier jedoch nicht darum, eine dogmatische Untersuchung im normalen Sinn des Wortes durchzuführen. Die Dogmatik bzw. eine dogmatische Lösung ist hier weder Mittel noch Ziel, sondern Gegenstand der Untersuchung. Es geht hier vielmehr um die Diskussion der Grenzen der dogmatischen Systematik im Strafrecht selbst. Betrachtet man diese Systematik als ein *wissenschaftlich* fein gesponnenes, manchmal hermetisches Netz, das aus geschichtlich bestimmten Fäden aufgebaut wurde, handelt es sich hier also darum, auf einige Löcher hinzuweisen, die, mehr oder weniger sichtbar, zuweilen auftauchen. Es ist nicht unwahrscheinlich, dass, ihrem Charakter entsprechend, nur durch diese Löcher das Licht eindringen kann.

Nach diesem schlichten Bild wird diese Untersuchung strukturiert. Als besonders wissenschaftlich entwickelter Bestandteil der Strafrechtssystematik gilt hier die Vorsatzzurechnung als Beispiel. Oder noch präziser: Als besonders wissenschaftlich entwickelter Bestandteil der Vorsatzdogmatik gilt hier die aberratio ictus als Beispiel. Auf der Basis der Analyse dieses Kernproblems beanspruchen wir, einen Blick auf das Ganze zu werfen. Über das strafrechtssystematische Netz hinaus ist Ausgangspunkt der Kritik der Hintergrund, auf dem dieses Netz liegt und sich bewegt. Strukturell dynamisch, kann es nicht statisch begriffen werden. Deswegen ist das Licht, das durch die Fäden kommt, nicht immer das gleiche, und was manchmal erhellt und aufklärt, wird im Zug dieser Bewegung oft verdunkelt und verklärt.

Rechtswissenschaftliche Dogmatik ist Argumentation. Nur in Rahmen eines Diskurses kann man verstehen, warum einige Lösungen zu befürworten sind und andere nicht. Nur auf der Basis einer rationalen Argumentation könnte eine dogmatische Entscheidung als wahr gelten. Die Sammlung von den entscheidenden Argumenten, die zur Erörterung eines Problems benutzt werden, bestimmt einerseits die internen, andererseits die äußerlichen, auf die Beziehungen mit der Wirklichkeit hinweisenden Grenzen der strafrechtlichen Diskussion. Daher sind zwei Konsequenzen zu ziehen.

Die erste Konsequenz ist, dass, wie sich ein Rechtssystem in einem Gerüst von Regeln organisiert, die in einer Beziehung von wechselseitigen Bestimmungen und Folgen stehen[3], auch die Argumente, die zu einer dogmatischen Entscheidung führen, auf andere Argumente hinweisen, die die dogmatische Struktur der Rechtswissenschaft aufbauen. Wie von der Abschaffung oder Veränderung einer

---

auch um grundlegende Fragen der strafrechtsdogmatischen Methode." Genau darum, um eine metatheoretische Diskussion über die strafrechtswissenschaftliche Methode, geht es in dieser Arbeit.

[3] Lübbe-Wolff, 1981: 30.

dieser Regeln Konsequenzen zu allen anderen Regeln, die in einer Folge-Voraussetzungs-Beziehung stehen, zu ziehen sind[4], bewirkt die Diskreditierung eines Arguments einen Effekt auf andere Argumente, die sich mit diesem verknüpfen und insbesondere auf die Entscheidungen, die sich auf der Basis der Richtigkeit dieses Arguments gründen. Wie man die rechtsdogmatischen Argumente konsequent artikuliert, beeinflusst auch die Legitimation der dogmatischen Strukturierung der Lösung eines Problems. Die Legitimität des Ganzen determiniert die Legitimität des Einzelnen, wie die Unlegitimität des Einzelnen zu Skepsis gegenüber der Legitimität des Ganzen führen kann.

Die andere Konsequenz bezieht sich auf die Verbindung der Strafrechtsdogmatik mit der Wirklichkeit. Das bedeutet, dass diese Argumente nicht nur einer internen, logischen, formal-argumentativen Richtigkeit bedürfen, sondern dass sie sich auch in Bezug auf die Wirklichkeit rechtfertigen müssen. Unabhängig von seiner Kohärenz, darf ein spezifisches Argumentationsschema keine Richtigkeit beanspruchen, wenn es nicht darauf zielt, eine Lösung beizubringen, die als angemessene Behandlung eines Problems verstanden werden kann.

Kurz: Jedes strafrechtliche Problem hat als Konsequenz, dass ein Individuum (schwerer) bestraft wird oder nicht. Dies muss berücksichtigt werden, es sei denn, man ist bereit, eine schizophrene pseudowissenschaftliche Diskussion weiterzuführen.

Um die Fragen, die hier behandelt werden, zu erheben, wird zuerst der Knotenpunkt der Diskussion bearbeitet (1). Nicht nur werden die Konturen des Problems durch eine notwendige Begriffspräzision und seine systematische Verortung umgerissen (1.1), sondern es wird auch versucht, die wissenschaftliche Argumentation um diese Rechtsfigur grob zusammenzufassen (1.2) und ihre mögliche Anknüpfung mit anderen dogmatischen Konstruktionen zu besprechen.

Das zweite Kapitel soll den Hintergrund dieser dogmatischen Diskussion beleuchten (2). Es behandelt die wesentlichen Fragen, die mit dem Problem verbunden sind (2.1) und die jeder Lösungsversuch impliziert (2.2).

Das nächste Kapitel beschäftigt sich mit den dogmatischen Hauptfäden von Argumenten zur Lösung des Problems und mit den Schwierigkeiten der Anerkennung der Richtigkeit solcher Argumente (3). Zunächst werden die allgemeinen Stellungnahmen zur Konstitution des Vorsatzbegriffs kritisch erörtert (3.1) und dann die Diskussionen, die im Rahmen dieser Begriffsbildung erscheinen und die konsequenterweise für die Vorsatzzurechnung bestimmend sind (3.2). Es handelt sich nämlich um die Frage nach der Auslegung des § 16 StGB und nach der Rolle von ontologischen Annahmen und von Normativismus in der Definition des strafrechtlichen Vorsatzes.

Das vierte Kapitel versucht, die verschiedenen Versatzstücke, die zur Korrektur der vorigen Probleme dienen sollen, darzulegen und zu zeigen, warum sie eigent-

---

[4] Ebd.

lich nicht imstande sind, das zu erledigen (4). Diese Versatzstücke werden hier idealtypisch von drei Begriffen vertreten, nämlich dem Rechtsgefühl (4.1), das trotz seiner Antiquität erstaunlicherweise immer noch in der Diskussion auftaucht, der Kriminalpolitik (4.2) und der Objektivität qua Wissenschaftlichkeit des Strafrechts (4.3). Dieser letzte tritt selbstverständlich auf, als ob es kein Versatzstück wäre, sondern gerade das Gegenteil: Indem auf die reine Wissenschaftlichkeit der Rechtswissenschaft gepocht wird, gebe es kein Bedürfnis nach äußerlichen Korrekturen. Dieser Versuch ist jedoch an sich schon Korrektur, und zwar in schlechtester Weise, als Selbstverteidigung, die, willentlich taub gegen Kritik, auf irgendeinem Entschluss beharrt. Am Schluss dieses Kapitels, auf die genannten Versuche reflektierend, soll der Begriff des Dezisionismus innerhalb der wissenschaftlichen Diskussion bearbeitet werden (4.4).

Das folgende Kapitel hat das Argumentationsnetz als Ganzes zum Thema (5). Es vertritt die Meinung, dass, wenn die Systematik als einziges Ziel hat, eine angemessene Lösung zu finden – sei diese Angemessenheit an Kriterien von Gerechtigkeit, von Effizienz oder von Prävention gemessen –, sie nur aufrechtzuerhalten ist, wenn sie zu einer solchen Lösung tatsächlich beiträgt (5.1). Da eine strafrechtliche Systematik schon strukturell unfähig ist, richtige Entscheidungen nur durch ihre eigenen internen Kriterien zu treffen und, indem sie das beansprucht, immer auf einer mehr oder weniger willkürlichen Dezision besteht (das soll, als Konsequenz unserer Überlegungen, bis hier nachgewiesen werden), muss sie in sich die Notwendigkeit ihrer Selbstdestruktion tragen. Konsequente strafrechtliche Systematik, die noch besser ist als keine Systematik, hat selbstzerstörende Kraft.

Der zweite Teil dieses Kapitels beschäftigt sich mit der Möglichkeit einer Strukturierung der Zurechnungsargumentation[5] im Bereich des strafrechtlichen Vorsatzes, die die systematischen Widersprüche, die in der wissenschaftlichen Diskussion auftauchen, nicht verdrängt, sondern ernstnimmt (5.2). Wie schon erwähnt, da jeder Widerspruch als Widerspiegelung der systematischen Ungerechtigkeit verstanden werden muss, hat dieser Versuch destruktiven, nicht konstruktiven, Charakter; es handelt sich um den Vorschlag eines negativen Kriteriums, das schon längst in der Strafrechtsdogmatik bekannt ist, nämlich um den Grundsatz *in dubio pro reo*, der hier auch eine vorsystematische Wichtigkeit besitzt, und deswegen schon eine beeinflussende Rolle in der systematischen Konstruk-

---

[5] Das setzt die Annahme voraus, dass das Richtigkeitskriterium der rechtswissenschaftlichen Diskussion nur innerhalb eines Prozesses des Argumentierens liegen kann. Dazu Neumann, 2004: 28 f. Wo die Grenzen dieses Prozesses sind und in welchem Maße er mit seiner eigenen Selbsttäuschung und Bestechlichkeit zu rechnen hat, ist eine andere Frage, die nur teilweise im Ablauf dieser Untersuchung behandelt werden kann. Dies berührt die Frage nach der Kenntnis der Grenzen der Vernunft selbst. Dazu Gadamer, 1986: 42: „Es ist die verhängnisvollste Erfahrung, die die Menschheit in diesem Jahrhundert gemacht hat, dass die Vernunft selbst bestechlich ist."

tion annimmt. Vor dem ungerechten Netz der strafrechtlichen Systematik und der Vertrauensunwürdigkeit des Hintergrundes, auf dem dieses Netz liegt, gilt er als die Ursache der Bewegung, die das Eindringen von Licht erlaubt und bündelt. Der Schluss (6), dem kritischen Charakter dieser Arbeit entsprechend, blickt nicht nur auf die wichtigen Ideen, die im Laufe der Arbeit präsentiert werden, sondern auch auf die Fragen, die ohne Antwort bleiben oder die mit den Konsequenzen unserer Überlegungen zu stellen sind.

Strafrechtsdogmatik umzubauen, nicht aufzubauen, ist die Absicht dieser Untersuchung. Eine abweichende wissenschaftliche Logik unterstützt ihre Konstruktion. Sie scheitert nicht mit dem Fall der allgemein anerkannten strafrechtssystematischen Überzeugungen – was eigentlich, ganz im Gegenteil, ihre Verwirklichung selbst impliziert –, sondern mit der Ungenügsamkeit ihrer eigenen Zerstörungskraft.

1. Der Knotenpunkt: aberratio ictus als Beispiel

Um den Rahmen der Problematik, die diese Untersuchung thematisiert, festzulegen, muss man auf zwei Diskussionsniveaus arbeiten: Das erste behandelt die Lokalisierung des Problems innerhalb der Deliktstruktur, d. h. auf der Basis eines schon aufgebauten Argumentationsschemas; während das zweite Niveau die Ebene der grundlegenden Diskussion des Strafrechts diskutiert, nämlich die Frage, worum es eigentlich geht, wenn man über die aberratio ictus oder über die Vorsatzzurechnung spricht.

Das scheint im Prinzip ein umgekehrter Weg zu sein; zu erwarten ist vielmehr, dass von den grundlegenden Problemen einzelne Schwierigkeiten auftauchen, die einer spezifischeren Erörterung bedürfen. Vom Allgemeinen zum Einzelnen, sollte es heißen. Das bedeutet nicht, dass mit den konkreten Fällen nichts anzufangen sei; aber doch, dass der Einzelfall erst existiert, wenn es einen Sinn gibt, ihn als Fall überhaupt zu begreifen. Logischerweise sollten dann vorher die grundlegenden Probleme diskutiert werden und erst danach, auf der Basis dieser Diskussion, sollte man über problematische Details sprechen. Das ist, sozusagen, der normale Weg.

Wir gehen den umgekehrten Weg.

Dafür gibt es zwei Gründe. Sie bedürfen jedoch von Anfang an einer Erklärung: Sie setzen eine Überzeugung voraus, die gerade durch die hier zu untersuchenden Probleme, nachzuweisen ist. Die Struktur dieser Arbeit ist also zirkulär und selbstzentriert. Der Ausgangspunkt, der diese Struktur selbst theoretisch bestimmt, ist auch ihr Schluss.

Also die Überzeugung, der Ausgangspunkt: Die Deliktstruktur ist als entwickeltes Argumentationsschema zu verstehen[6], das in Anknüpfung an gesetzliche Imperative den Zuschreibungsprozess leitet. Demgemäß kann sie (und faktisch scheint es so zu sein[7]) eine Hypostasierung der grundlegenden Diskussion des Strafrechts erbringen, in der sich zweierlei manifestiert: Einerseits die Substantialisierung des Straftatbegriffs[8], die zu dem anscheinend statischen Charakter einiger Kategorien führt, andererseits die Perversion der Strukturierung dieses Schemas, so dass lediglich nach der Anpassung einer Lösung an eine bestimmte dogmatische Struktur gefragt wird, ohne dass die wichtigste Frage der unterschiedlichen Höhe der Bestrafung erwähnt wird.

Der umgekehrte Weg erklärt sich also erstens daraus, dass nur mit dem ausdrücklichen Bewusstsein der Prinzipien der dogmatischen Diskussion untersucht

---

[6] Schild, 1980: 220 ff.
[7] Dazu ausführlicher unten 5. Wir nehmen an, dass es nicht nötig ist, auf die bewusste zirkuläre Struktur dieser Arbeit nochmals hinzudeuten.
[8] Schild, 1980: 227 ff; darauf verweist auch Noll, 1965: 3 f.

werden kann, warum sie eine Hypostasierung der fundamentaleren Fragen ist; zweitens daraus, dass es vernünftig scheint, zuerst das zu untersuchen, was schon in einer gewissen Weise etabliert ist, um nachher nach dem nicht Ersichtlichen zu fragen.
Zunächst also zur ersten Argumentationsebene. Die zweite Ebene ist Thema des folgenden Kapitels.

1.1 Präzisierung und Verortung

Eine befriedigende Analyse eines strafrechtsdogmatischen Problems kann sich nur durch die Beantwortung zweier Fragen ergeben, nämlich nach der Bestimmung seiner Grenzen innerhalb der anderen strafrechtlichen Probleme und nach seiner juristischen Konsequenz, die von dieser vorigen Bestimmung abzuleiten ist. Das bedeutet, dass die Präzisierung eines dogmatischen Themas von seiner Verortung innerhalb des Argumentationsschemas der Deliktstruktur abhängt. Es wäre sinnlos, ein spezifisches Problem isoliert zu analysieren[9], nachdem man sich des Ganzen dieser Struktur bewusst ist. Indem man es in diese Struktur einbezieht und verortet, verändert man diese Struktur selbst und begründet sie erneut.
Von den erwähnten Fragen werden fünf andere abgeleitet, die hier zu bearbeiten sind, nämlich: in welchem Bereich der Deliktstruktur soll die aberratio ictus erörtert werden (1.11); was unterscheidet sie von anderen, verwandten strafrechtlichen Problemen im Bereich der Vorsatzzurechnung (1.12); in welchen Fällen herrscht eine Art Konsens über diese Konsequenzen (1.13); was sind die möglichen Konsequenzen ihrer Anerkennung in einer bestimmten Situation, was zugleich das Problem ihrer juristischen Relevanz impliziert (1.2); wie verhält sie sich zu Problemen aus anderen dogmatischen Bereichen (1.3).

1.11 Lokalisierung innerhalb der Deliktstruktur

Was die erste Frage betrifft, sei im Voraus gesagt, dass die aberratio ictus im Rahmen der § 15-16 StGB zu bearbeiten ist und dass ihr Standardfall einfach darin besteht, dass der Täter eines Verbrechens ein anderes Objekt trifft als das, worauf er gezielt hat. Standardbeispiel: A schießt auf B und trifft den daneben stehenden C.
Es handelt sich um eine Abweichung während des Kausalverlaufs der Straftat, d. h. nach dem Eingang des Täters in den Versuchsbereich. Sie ist außerdem durch eine doppelte Abweichung charakterisiert, einerseits in Bezug auf den Kausal-

---

[9] Zutreffend in diesem Sinne Schild (1979: 34): „Die Merkmale der Straftat sind nicht als deren Teile aufzufassen, sondern können nur als Momente des Ganzen und im Ganzen (der Einheit) der Straftat gedacht werden."

verlauf selbst[10] und andererseits hinsichtlich des angezielten Objekts[11]. Das grundlegendste Problem ist zu bestimmen, welchen Einfluss diese Abweichung auf die Zurechnung des Erfolgs zum Vorsatz des Täters haben kann. Darüber hinaus ist umstritten, in welchem Bereich der Deliktstruktur die aberratio ictus bearbeitet werden soll[12]. So sind aus der Literatur Versuche zu nennen, die sie in Bereichen wie der Schuld[13], des subjektiven Tatbestandes[14], einer unabhängigen Irrtumstheorie[15] oder sogar der objektiven Zurechnung selbst[16] behandeln, ohne dass sich diese Möglichkeiten wechselseitig unbedingt ausschließen[17].
Uns interessiert hier, einige wichtige Punkte bei dieser Diskussion festzulegen. Zuerst, dass die Abweichung, die die aberratio ictus konstituiert, sich auch auf

---

[10] Vgl. u.a. Römer, 1933: 8; Moojer, 1985: 26 ff., insb. Backmann, 1971: 115; ders., 1972: 327.

[11] Über diesen doppelten Charakter der Abweichung vgl. Jescheck/Weigend, 1996: 313; gegen Schreiber, 1985: 874. Auch Stratenwerth/Kuhlen, 2004: 119: „Nicht in den Zusammenhang der Voraussicht des Geschehensablaufs gehört eigentlich (...) der Fall der so genannten aberratio ictus vel impetus."

[12] Das hängt auch, aber nicht ausschließlich, mit der systematischen Verortung des Vorsatzes oder mit der Entwicklung einer Verbrechenssystematik selbst zusammen. In diesem Sinne hat die alte italienische Lehre das Problem zusammen mit der Analyse des Tötungsdelikts betrachtet; s. dazu Röbert, 1933: 13 ff.; Lüth, 1933: 11; Winkelmann, 1967: 22 ff.; auch noch im Teil der alten deutschen Literatur: vgl. u. a. Wächter, 1826: 128. Bei den strafrechtlichen Hegelianern im 19. Jahrhundert wurde es oft innerhalb einer allgemeinen Handlungslehre besprochen, gemäß der Wichtigkeit dieses Begriffs in ihrem System. Vgl. Berner, 1898: 122 f.; Köstlin, 1855: 198 ff. Im klassischen Verbrechensmodell andererseits könnte das Problem nur im Rahmen der Schuldtheorie betrachtet werden, auch wenn innerhalb einer Irrtumslehre, die selbstverständlich auch als ein Bestandteil der Schuld zu verstehen war. Vgl. Liszt/Schmidt, 1932: 264 ff.; Beling, 1906: 325 f.; Wegner, 1951: 175 ff.; Allfeld, 1934: 178 f.; Köhler, 1917: 307; Sauer, 1955: 168; M.E. Mayer, 1923: 330 f. In die gleiche Richtung zielt die ausländische Literatur, die noch mit einem kausalistischen Modell verbunden ist: Vgl. z.B. Mantovani, 2001: 399 f.; Fiandaca/Musco, 2002: 343 ff.

[13] Außer den genannten Autoren (s. Fn. 12) soll hier Schmidhäuser (1975: 402) erwähnt werden.

[14] Vgl. Jescheck/Weigend, 1996: 313 ff.; Wessels/Beulke, 2002: 84 ff.; Stratenwerth, 2000: 137 ff.; Maurach/Zipf, 1992: 329 ff.; Kindhäuser, 2000: 166 ff.; Freund, 1998: 244 ff.; Otto, 1998: 96 ff.; Jakobs, 1993: 303 ff. Außerhalb der deutschen Literatur vgl. z. B. Bacigalupo, 1999: 329; Zaffaroni, 2000: 512, ausdrücklich unter Vorbehalt gegen den Ausdruck „Irrtum". In ähnlichem Sinne weist Roxin (2006: 515) auf die Notwendigkeit „einer von der Irrtumslehre unabhängigen objektiven Zurechnung zum Vorsatz", hin, die „der Wissenschaft (...) überhaupt noch nicht bewusst geworden ist."

[15] Kühl, 2002: 473 ff.; Baumann/Weber/Mitsch, 2003: 500 ff.; Haft, 1998: 251 ff.

[16] Vgl. Silva-Sanchez, 1989: 352 ff. Auch Kuhlen (1987: 493) weist darauf hin, dass einige Fälle schon durch die Lehre der objektiven Zurechnung gelöst werden sollten, was auch imstande wäre, „unangebrachte Bestrafungen wegen vollendeter Straftat" zu vermeiden.

[17] S. z. B. das Lehrbuch von Gropp (2001: 155), wo das Problem zuerst im Kapitel über den subjektiven Tatbestand, dann im Rahmen der spezifischen Irrtumstheorie behandelt wird.

den Kausalverlauf bezieht, und nicht nur auf das getroffene Objekt.[18]. Wir nehmen an, dass diese These keines Nachweises bedarf, sondern dass eine Gegenmeinung nur auf formellen Gründen basieren kann. Das heißt: Wenn man nur andere strafrechtliche Probleme als Abweichungen im Kausalverlauf klassifizieren will, darf dies nur einen klassifikatorischen Anspruch haben[19]. Dass man die aberratio ictus nicht unter dieser Problematik betrachtet, bedeutet nicht, dass es nicht tatsächlich so geschieht. Unabhängig von den Konsequenzen, die man davon ziehen will, ist es unleugbar, dass der Kausalverlauf nicht mit dem übereinstimmt, was der Täter sich vorgestellt hatte. So weit darf eine normativistische Stellungnahme nicht gehen.

Was hier tatsächlich entschieden werden muss, ist, ob die aberratio ictus die vorsätzliche Erfolgszurechnung bezüglich des getroffenen Objekts ausschließt oder nicht, d. h. ob der Erfolg zum Vorsatz des Täters zugerechnet werden kann. Dies bedeutet, dass das Problem nicht nur den Vorsatz als dogmatische Kategorie, und also seine Bejahung oder Verneinung im Einzelfall, sondern auch die Frage nach der Zurechnung einer Tat zum Vorsatz des Täters betrifft[20]. In diesem Sinne gehört das Problem zum Bereich der Vorsatzzurechnung, und soll, da der Vorsatz mindestens auch zum subjektiven Tatbestand gehört[21], in dessen Rahmen als Zurechnungsfrage analysiert werden[22].

1.12 Differenzierung von anderen dogmatischen Figuren

1.121 Von anderen Kausalabweichungen

Die aberratio ictus ist verglichen mit anderen schwierigen Fällen von Abweichung des Kausalverlaufs insofern zu unterscheiden, als dass sie sich nicht nur in einer Abweichung in der Weise der Erfolgsherbeiführung erschöpft, sondern außerdem in einer Abweichung in Bezug auf das getroffene Objekt besteht[23]. Dieses Treffen eines anderen Objekts bedeutet eine Abweichung am Ende des Kau-

---

[18] Überspitzt von Wegner (1951: 175) formuliert: „Hier hat sich nicht der Täter, sondern die Tat geirrt."
[19] So z. B. H. Mayer, 1953: 249; Kienapfel, 1979: 259.
[20] Vgl. Janiszewski, 1985: 534; Schlehofer, 1996: 4; Heuchemer, 2005: 276.
[21] S. statt vielen Warda, 1979: 75.
[22] Zur geschichtlichen Evolution der subjektiven Zurechnung in der Strafrechtslehre und ihre geschichtliche Verbundenheit mit bestimmten wissenschaftlichen Haltungen, die für unsere Problematik auf keinen Fall unwichtig ist, s. Köhler, 1991: 69 ff.
[23] Vgl. u. a. Geppert, 1992: 165; Bemmann, 1993: 401. Das gleiche meint Toepel (1996: 893), wenn er behauptet, dass „die Sonderstellung der aberratio ictus gegenüber sonstigen Abweichungen im Kausalverlauf (...) gerechtfertigt [ist], weil Erfolgsverben wie ‚töten, beschädigen, zerstören' den Erfolg als Endpunkt der Kausalkette beschreiben, nicht aber die Beschaffenheit der Kausalkette selbst."

salverlaufs, die in „normalen" Kausalabweichungen nicht vorkommt[24]. Hier wird das gleiche Objekt, aber auf einer anderen Weise als geplant getroffen[25]. Diese Abweichungen werden normalerweise als bedeutungslos verstanden, wenn „sie sich noch innerhalb der Grenzen des nach allgemeiner Lebenserfahrung Voraussehbaren halten"[26]. Dass der Kausalverlauf nicht in allen seinen Einzelheiten vorausgesehen werden kann, wird allgemein anerkannt[27]. Eine Unterscheidung durch die Voraussehbarkeit der Abweichung entspricht jedoch nicht einem Kriterium der subjektiven, sondern der objektiven Zurechnung[28]. Ein plausibler Weg scheint der von Herzberg vorgeschlagene zu sein, diese Fälle mit Hilfe des Phänomens des Mitbewusstseins zu lösen[29].

Wir werden uns mit diesen Fällen nicht weiter beschäftigen[30]. Hier sei nur auf die allgemeine Tendenz hingewiesen, eine Art Erfolgshaftung zu privilegieren[31], die mit der Behandlung des sogenannten dolus generalis exemplifiziert werden kann[32].

1.122 Vom error in persona vel objecto

Schwieriger ist die aberratio ictus von dem sogenannten error in persona vel objecto zu unterscheiden[33]. Das ist sogar nur sinnvoll, wenn beide unterschiedliche

---

[24] Toepel, 1996: 893.
[25] Vgl. Silva-Sanchez, 1989: 363 f. Nicht richtig ist jedoch zu sagen, dass bei der aberratio ictus ein anderer Erfolg als der gewollte verursacht wird; eine solche Behauptung setzt genau das voraus, was noch zu beantworten steht. So wird es trotzdem oft formuliert: vgl. Silva-Sanchez, 1989: 364.
[26] BGHSt 7, 325, 329. Vgl. Schönke/Schröder/Cramer/Sternberg-Lieben, 2001: 258; Lackner/Kühl, 2001: 87; Geppert, 1992: 164; Janiszewski, 1985: 535; Joecks, 2003: 664; Wolter, 1977: 649 ff., insb. zur sogenannten Adäquanzformel. Zur Kritik vgl. Schroeder, 1979: 328.
[27] v. Liszt, 1919: 170; Allfeld, 1934: 166; Backmann, 1972: 199; Geppert, 1992: 164; Toepel, 1996: 890; Lackner/Kühl, 2001: 87; Joecks, 2003: 664; Rudolphi, 2005: § 16, Rn. 31.
[28] Rudolphi, 2005: § 16, Rn. 31.
[29] Herzberg, 1973: 867 ff.
[30] Dazu s. Roxin, 2006: 511 ff.; Jakobs, 1993: 295 ff.; Kühl, 2002: 481 ff.
[31] Kritisch dazu Köhler, 1991: 79 f.
[32] Das ist der Fall, wenn der Täter nach einer ersten Handlung glaubt, den gewollten Erfolg schon verwirklicht zu haben, dies geschieht aber erst nach einer zweiten Handlung. Es wird hier von der Rechtsprechung und von der herrschenden Lehre vollendetes Verbrechen anerkannt. So schon Wächter, 1826: 127 f.; Köstlin, 1855: 201 ff.; H. Mayer, 1956: 109 ff.; Stratenwerth/Kuhlen, 2004: 118; Rudolphi, § 16, Rn. 34. Differenzierend Roxin, 2006: 522 ff. Gegen – „Hier kann unter keinen Umstände Vorsatz angenommen werden" – Engisch, 1930: 72.
[33] Rechtsgeschichtlich interessant ist die Darstellung von Winkelmann (1967: 44 ff.) über die ursprüngliche Herausarbeitung eines Unterschiedes beider Figuren von Didacus Covarruvias und Antonius Gomez im 16. Jahrhundert.

juristische Konsequenzen haben. Andererseits können sie nur unterschiedliche juristische Konsequenzen haben, wenn man imstande ist, sie strukturell zu unterscheiden; gerade die Unmöglichkeit der Trennung beider Figuren wird als Argument gegen eine differenzierte Behandlung benutzt[34]. Deswegen kann eine Unterscheidung nur in Bezug auf die unterschiedlichen Theorien zur Relevanz oder Irrelevanz der aberratio ictus bearbeitet werden.

Der error in objecto ist charakterisiert durch eine Verwechslung; der Täter irrt sich in dem Tatobjekt, indem er im Moment der Handlung glaubt, das Objekt A anzugreifen, wenn tatsächlich B vor ihm steht. Die Verwechslung geschieht also vor dem Beginn der Tat. Wenn das intendierte und das getroffene Objekt gleichwertig sind, d. h. zum gleichen strafrechtlichen Tatbestand gehören[35], wird der error in persona überall als unbeachtlich betrachtet[36]. Wenn nicht, handelt es sich um einen Irrtum über die Tatumstände (Tatbestandsirrtum), dessen Konsequenz der Ausschluss der Vorsatzstrafbarkeit ist[37]. Für die Unbeachtlichkeit des error in persona vel objecto werden drei Hauptgründe genannt: Erstens, dass die Unbeachtlichkeit sich aus der Gleichwertigkeit der Objekte selbst ergibt[38]. Zweitens wird behauptet, dass die nichtübereinstimmenden Eigenschaften des intendierten und des tatsächlich getroffenen Objekts nicht zum Tatbestand gehören, so dass diese Nichtübereinstimmung irrelevant ist[39]; sie betrifft nämlich nur das Motiv der Handlung oder die Identität des Objekts, die keine Tatbestandsmerk-

---

[34] Vgl. Puppe, 1981: 6 ff.
[35] Warda (1984: 160) betont mit Recht, dass „es nicht auf die Gleichwertigkeit in allen rechtlich bedeutsamen Punkten [kommt], sondern allein auf die Entsprechung in allen rechtlich bedeutsamen Punkten, auf die sich der Vorsatz zu erstrecken hat, d. h. auf die *übereinstimmende Tatbestandsqualität* der Vergleichsobjekt." (Hervorhebung im Original).
[36] Vgl. Berner, 1898: 122. Über die entgegengesetzten Stellungnahmen von Geib, v. Liszt und Rothkugel s. Hillenkamp, 1971: 31 f. v. Bar (1907: 364) macht darauf aufmerksam, dass mittelalterliche Juristen die Beachtlichkeit des error in persona befürworteten, weil er von der aberratio ictus nicht unterschieden werden könne. Zur Verneinung des Vorsatzes bei error in persona von den deutschen und niederländischen Juristen des 16. und 17. Jahrhunderst s. Winkelmann, 1967: 48 ff.
[37] S. statt allem Rudolphi, 2005: § 16 Rn. 29.
[38] Das ist das klassische Argument der Vertreter der sogenannten Gleichwertigkeitstheorie (dazu unten 1.2), und konsequent würde diese Stellungnahme bedeuten, dass auch die aberratio ictus unbeachtlich wäre. Dazu Bemmanm, 1958: 817. Trotzdem machen einige Autoren von diesem Argument Gebrauch und, ausgehend von der Erforderlichkeit einer Vorsatzkonkretisierung, befürworten sie paradoxerweise die Beachtlichkeit der aberratio ictus: vgl. v. Hippel, 1930: 334; Mezger, 1949: 313; Graf zu Dohna, 1941: 17; Wegner, 1951: 175; Baumann/Weber/Mitsch, 2003: 501.
[39] Vgl. u. a. Köhler, 1917: 306: „Bedeuten diese nicht vorliegenden Eigenschaften zugleich das Gegebensein eines veränderten rechtlichen Tatbestandes, so ist der Irrtum wesentlich, d. h. als Irrtum über Tatumstände anzusehen. Betreffen die nicht vorliegenden Eigenschaften, deren Zutreffen erwartet war, keine Merkmale des rechtlichen Tatbestandes, so ist der Irrtum unwesentlich." Vgl. auch Finger, 1902: 175; Kohlrausch, 1927: 78.

male sind[40]. Diese Lösung ergibt sich also aus dem § 16 selbst. Schließlich wird von den Vertretern der sogenannten Konkretisierungstheorie[41] angenommen, dass genau das Objekt, das der Täter im Moment des Beginns der Ausführung der Tat treffen wollte, getroffen wurde.

Ein Unterscheidungskriterium zwischen aberratio ictus und error in objecto muss eindeutig und in allen möglichen Fällen brauchbar sein[42], damit die Unterscheidung nützlich sein kann; gemäß seines möglichen Einflusses auf die Vorsatzzurechnung soll dieses Kriterium selbst als Zurechnungskriterium verstanden werden. Kurz: Es soll eine sinnvolle Bedeutung innerhalb des Zurechnungsprozesses haben.

Zunächst ist also zu überprüfen, ob es möglich ist, ein Kriterium für alle möglichen Fälle festzulegen. Es gibt in diesem Zusammenhang zwei grundsätzliche Fallkonstellationen: (i) wenn der Täter eine sinnliche Wahrnehmung des Angriffsobjekts hat und (ii) wenn diese sinnliche Wahrnehmung fehlt.

1.1221 Erste Fallkonstellation: Standardfälle

Zur ersten Fallkonstellation gehören die schon erwähnten Standardfälle von aberratio ictus und error in objecto: A schießt auf B, der Schuss trifft aber C, bzw. A schießt auf C, weil er denkt dass B vor ihm wäre. Diese Fallkonstellation soll in Bezug auf die Frage erörtert werden, ob der error in objecto und die aberratio ictus als Abweichungen des Kausalverlaufs und/oder als Irrtumsfälle zu verstehen sind. Diese Frage weist dann auf eine andere hin, nämlich ob es möglich ist, mit Hilfe dieser Begriffe eine Unterscheidung zwischen beiden Fällen festzulegen.

Nicht richtig ist es, den error in persona als Fall von abweichendem Kausalverlauf zu verstehen[43]. Hier, wenn der Täter die Ausführung der Tat beginnt, trifft seine Kenntnis des künftigen Kausalverlaufs zu, d. h. seine Vorstellung stimmt mit dem tatsächlichen Kausalverlauf überein[44]. Der Fall entspricht der allgemei-

---

[40] Vgl. Olshausen, 1916: 264; Sauer, 1955: 167; Jakobs, 1993: 305; Kindhäuser, 2005: 128; Backmann, 1972: 326. Binding (1918: 193 f.) rechtfertigt die Unbeachtlichkeit des error in persona durch die Unterscheidung zwischen Vorentschluss und „wirklichem Tatwillen, dem bewussten Willen einzuwirken auf die Wirklichkeit". Dies zielt auch auf die Irrelevanz des Motivs für das Strafrecht. Vgl. auch ders. 1918: 195, Fn. 5, über das „Irrtum im Motiv", ein Ausdruck, den der Autor nicht bevorzugt.
[41] S. dazu unten 1.2 und 1.221
[42] Ein anderer möglicher Weg wäre, auf eine allgemeine Differenzierung zu verzichten und beide Figuren, wenn überhaupt, nur im Einzelfall zu begrenzen. In manchen Fällen, in denen es keine sinnliche Wahrnehmung des Angriffsobjekts gibt, ist die Stellungnahme Roxins (2006: 532 f.) nur so zu verstehen.
[43] Vgl. Loewenheim, 1966: 311. Dagegen, also der error in persona als Kausalabweichung verstehend: Welzel, 1969: 75; Puppe, 1981: 17; Roxin, 2006: 531.
[44] Loewenheim, 1966: 312.

nen strafrechtlichen Definition von Irrtum, im gleichen Sinne, in dem man von Tatbestandsirrtum spricht (und, wenn das angezielte und das getroffene Objekt nicht gleichwertig sind, ist gerade Tatbestandsirrtum zu bejahen)[45].

Auf der anderen Seite bedarf es, um die Klassifikation beider Figuren als Irrtum zu überprüfen, erstens einer strafrechtlichen Irrtumsdefinition, und zweitens der Problematisierung dieses Begriffes in Bezug auf die Schwierigkeiten, die mit beiden Fällen verbunden sind.

Der Irrtum als philosophisches Problem befindet sich innerhalb der grundlegenden Diskussion über die Trennung von Subjekt und Objekt[46]. Er entsteht aus einer falschen Wahrnehmung der Wirklichkeit und vermeidet „die Übereinstimmung des subjektiven Vorstellens und des objektiven Seins".[47] Ausgehend von einer alten strafrechtlichen Definition: „Irrtum ist Nicht-Uebereinstimmung von Vorstellungen im weitesten Sinne des Wortes mit Tatsachen, auf die sie sich beziehen, mit anderen Worten Nicht-Uebereinstimmung zwischen Vorstellungen und der Wirklichkeit, sei es, dass etwas in einer Vorstellung bejahtes der Wirklichkeit nicht entspricht, oder verneintes oder dass eine zwischen Vorstellungen angenommene Beziehung der Beziehung der Dinge nicht entspricht."[48] Diese Definition ist mit der traditionellen Bewusstseinsphilosophie[49] verbunden und neigt dazu, das Problem psychologisch zu begreifen, den Irrtum dementsprechend als fehlerhaften Bewusstseinsinhalt"[50] zu verstehen[51]. Das Problem könnte auch von einer sprachanalytischen Basis aus betrachtet werden[52]. Für unsere Ziele reicht allerdings momentan die traditionelle Definition.

Der prinzipielle Grund des Irrtums ist also eine von den Sinnen her verfehlte Annahme der Wirklichkeit[53]. Dies impliziert, dass sich der Irrtum entweder auf

---

[45] Für Binding (1918: 198) war die Bezeichnung „error" „grundfalsch": „Denn unter einem Irrtum im Objekt kann die Deliktslehre nur den Irrtum verstehen, das zum Angriff taugliche Objekt sei untauglich, oder umgekehrt das untaugliche sei tauglich. Bei Verwechslungsfällen kennt aber der Täter die Tauglichkeit des Objekts grade für den spezifischen dawider geführten Angriff ganz genau." Dies ist aber eine willkürliche normative Begrenzung, die keine große Relevanz für die wissenschaftliche Diskussion besitzt.
[46] Dazu Simmel, 1989: 86 ff.
[47] Simmel, 1989: 88.
[48] Finger, 1902: 169. Ähnlich Köhler, 1917: 290.
[49] Zu deren Kritik vgl. Tugendhat, 1976: 88 ff.
[50] Gössel, 1974: 9.
[51] Konsequent ist die Fortsetzung der Überlegungen Gössels in Richtung einer psychologischen Untersuchung. Vgl. ders., 1974: 10ff.
[52] So definiert Kuhlen (1987: 115), im Anschluss an Stegmüller, den Irrtum als eine Diskrepanz zwischen vom Urteiler akzeptierten und von ihm einem Handelndem zugeschriebenen Aussagen. So gelingt eine positiv zu betrachtende Entpsychologisierung des Problems.
[53] In Kants (1996: 76 f.) Logik liest man: „Der Entstehungsgrund alles Irrtums wird daher einzig und allein in dem unvermerkten Einflusse der Sinnlichkeit auf den Verstand, oder, genauer zu reden, auf das Urteil, gesucht werden müssen. Dieser Einfluss nämlich macht, daß wir im

die Gegenwart oder auf die Vergangenheit beziehen muss, nicht aber auf die Zukunft, da es keine zukünftige sinnliche Wahrnehmung von Gegenständen geben kann. Wie Driendl es formuliert, über die Zukunft kann man nur (falsche) Prognosen machen, man kann sich nicht irren[54]. Bei Fehlprognosen können nur Wahrscheinlichkeitsaussagen formuliert worden sein, aber nicht Aussagen, die beanspruchen, mit der Wirklichkeit übereinzustimmen.[55]. Daraus ergibt sich, dass in Fällen von abweichendem Kausalverlauf, aberratio ictus inklusiv, man nicht über einen Irrtum[56], sondern über eine Fehlprognose sprechen sollte. Die Konsequenzen, die Driendl daraus zieht, deuten auf die Notwendigkeit hin, eine Entscheidung hinsichtlich der Wahrscheinlichkeit des Erfolgs zu treffen[57]. Ein solcher Vorschlag könnte nie zum error in objecto gemacht werden.

Bei der Frage nach der Zurechnung des Erfolgs scheint jedoch eine Lösung ungenügend, die sich allein auf die Wahrscheinlichkeit konzentriert. Sie würde der Komplexität der subjektiven Zurechnung keine Rechnung tragen. Zwar hat Driendl Recht, wenn er behauptet, mit voluntativen Momenten wird versucht, intellektuelle Defizite zu überspielen[58]. Das bedeutet nicht, dass die Frage nach dem Willen des Täters in diesem Zusammenhang keine Rolle spielt. Der Zurechnungsprozess muss auch dieses Moment in Kauf nehmen. Die Frage nach dem Irrtum oder der Fehlprognose ist ausschließlich kognitiv[59]; die Zurechnung zum Vorsatz hängt aber von der Analyse des voluntativen Moments des Täters ab.

Damit wird die Meinung zu vertreten, dass eine strukturelle Differenzierung zwischen aberratio ictus und error in persona *möglich* ist. Sie gründet sich auf die Unterscheidung zwischen Irrtum und Fehlprognose[60]. Das Problem der Relevanz oder Irrelevanz der aberratio ictus löst sie selbstverständlich nicht.

Urteilen bloß subjektive Gründe für objektive halten und folglich den bloßen Schein der Wahrheit mit der Wahrheit selbst verwechseln."

[54] Driendl, 1986: 253. Richtig Binding, 1918 :114: „Geirrt werden kann überhaupt nur über das, was gewusst werden kann." Vgl. weiter Hettinger, 1990: 547 f.

[55] Driendl, 1986: 254.

[56] Interessant zu bemerken ist, dass schon die ersten Juristen, die die aberratio ictus von dem error in persona differenziert haben, diese Stellungnahme dahingehend begründeten, dass bei der Abirrung der Täter sich nicht irrt. Vgl. dazu Winkelmann, 1967: 44 f. Dagegen Engisch, 1930: 70, Fn. 17, für den es „sich nicht bestreiten [lässt], daß ein Irrtum vorliegt.".

[57] Driendl, 1986: 272 f.

[58] Driendl, 1986: 255.

[59] Kuhlen, 1987: 102.

[60] Ähnlich differenziert Binding (1918: 222 ff.) beide Figuren aus der Unterscheidung zwischen Vorentschluss und Tatwillen her.

1.1222 Zweite Fallkonstellation: Mangel an sinnlicher Wahrnehmung des Objekts

Zu dieser Konstellation gehören die Fälle, in denen der Täter im Moment der Verwirklichung des Erfolgs keine sinnliche Wahrnehmung von dem angegriffenen Objekt hat.
Beispiele sind:
α) die Installation einer Bombe in einem Auto, die explodiert, wenn eine andere als die intendierte Person einsteigt;
β) eine Frau schickt ihrem Mann, einem Soldaten, der abends in der Kaserne schlafen muss, eine Flasche mit einem vergifteten Getränk; der Mann gibt die Flasche einem Kollegen, welcher trinkt und stirbt;
γ) A ruft B an, um ihn zu beleidigen und C hört statt B die Beleidigungen, entweder weil A die falsche Nummer gewählt hat oder einfach, weil C sich im Haus von B befindet und den Hörer abnimmt.
Hier lautet die Frage, mit der diese Fallkonstellation erörtert werden soll, anders als vorher, und zwar radikaler: Ist es überhaupt sinnvoll, diese Fälle als aberratio ictus oder als error in persona zu klassifizieren? Oder wäre es nicht vielleicht besser, sie unter einer anderen strafrechtlichen Kategorie zu begreifen, für welche es andere, vielleicht sogar nicht einzigartige, Lösungen gibt?
Die Schwierigkeit dieser Fälle entspricht einer strukturellen Ähnlichkeit beider Probleme, die nicht auftaucht, wenn man nur die erste Konstellation betrachtet. Dass diese Ähnlichkeit keine zwingende Gleichbewertung impliziert, wurde schon überzeugend dargelegt und vertreten.[61] Das ist aber immer noch ein plausibler Schluss[62].
Eine andere Frage ist die, ob aus dieser Ähnlichkeit die Konsequenz zu ziehen ist, dass im Einzelfall auf jedes Differenzierungskriterium verzichtet werden muss, so dass die Lösung nur mit anderen normativen Überlegungen zu finden sei, oder ob es noch möglich ist, an einem Differenzierungskriterium festzuhalten.
Die Lehre hat schon oft den ersten Weg gewählt und so auf jedes Differenzierungskriterium verzichtet. Dazu beruft sie sich auf normative Kriterien, wie das Rechtsgefühl, die „(vor)rechtliche Bewertung" oder die Kriminalpolitik, deren Rechtssicherheit noch geprüft werden muss[63]. Bei Roxin wird es z. B. wörtlich angesprochen: „Ob man von einem relevanten error in persona oder von einer aberratio ictus spricht, ist nur eine terminologische Frage."[64] Dass für den Fall α

---

[61] Vgl. Roxin, 2006: 519; Prittwitz, 1983: 125.
[62] Wie schon erwähnt, ist die Feststellung dieser Fallkonstellation die Basis der Argumentation von Puppe (1981: 6 ff.) für die Befürwortung einer Gleichbehandlung von aberratio ictus und error in objecto.
[63] Dazu s. unten 4.
[64] Roxin, 2006: 534.

zuerst behauptet wird, es sei ein aus der rechtlichen Bewertung entweder beachtlicher error in persona oder aberratio ictus anzunehmen, für die Unbeachtlichkeit dieser Abweichung jedoch entschieden[65], deutet auf die Unsicherheit des Kriteriums hin. Auch mit Berücksichtigung auf vorstrafrechtliche Bewertungen[66] und kriminalpolitische Überlegungen[67] schlägt Prittwitz einen materalen Bewertungsmaßstab vor, der uns total willkürlich erscheint: „Die Diskrepanz zwischen Tatgeschehen und Tätervorstellung ist dann erheblich (...), wenn *die eingetretene Rechtsverletzung nicht beim vom Täter sinnlich wahrgenommenen Angriffsobjekt eintritt.*"[68] Die Rechtfertigung dafür sei, dass in Fällen, in denen es keine sinnliche Wahrnehmung des Objekts gibt, auch das Gefährdungspotential der Handlung größer sei. Dies ist eine materiellbasierte Meinung und als Meinung vertretbar. Ob diese Tatsache wahr ist oder verallgemeinert werden kann[69] – ob sie überhaupt zu dem behaupteten Ergebnis führt, lässt sich bezweifeln.

Andererseits erkennt Herzberg bei solchen Fällen in der Regel eine beachtliche aberratio ictus an[70]. Für ihn soll hier die Identitätsvorstellung eine wichtige Rolle spielen: „Fehlt nun die sinnliche Wahrnehmung, so entfällt auch die Möglichkeit der staffelnden Unterscheidung von sinnlicher Objektserfassung und geistiger Identitätsvorstellung. Nur diese ist vorhanden, und folglich kann auch nur sie die Frage nach dem Zielobjekt entscheiden."[71] Dieses Kriterium basiert auf einer rechtlichen Bewertung, kann aber wegen einer neuen rechtlichen Bewertung entfallen. Durch das folgende von ihm gegebene Beispiel wird das beleuchtet: „Ein beauftragter Mörder verfolgt zwei Personen, die im Auto vor ihm fliehen. Als er schließlich den Wagen auf einem Waldweg abgestellt findet, schießt er aus einiger Entfernung mit der Maschinenpistole durch die Heckscheibe. Zum Opfer fällt ihm ein argloses Liebespaar, das es sich auf den Polstern bequem gemacht hat." Hier, auch wenn die sinnliche Wahrnehmung fehlt, soll ein unbeachtlicher error in persona angenommen werden: „Es handelt sich also, dogmatisch betrachtet, um einen Fall der aberratio ictus, der aber zugleich so starke Züge geradezu der Grundkonstellation des error in persona aufweist, daß man der Sache nur gerecht wird, wenn man die Erheblichkeit der aberratio verneint." Was unter „starke Züge der Grundkonstellation des error in persona" zu verstehen ist, oder warum eine Entscheidung gegen das allgemeine Kriterium „der Sache nach gerecht" sei, bleibt ohne Erklärung.

---

[65] Roxin, 2006: 532 f.
[66] Prittwitz, 1983: 125 ff.
[67] Prittwitz, 1983: 128.
[68] Prittwitz, 1983: 127 f. Hervorhebung im Original.
[69] Dagegen Geppert, 1992: 165: „Eben dies erscheint im Zeitalter enormen technologischen Fortschritts in dieser apodiktischen Verallgemeinerung empirisch kaum belegbar (...)".
[70] Herzberg, 1981: 472 f.
[71] Herzberg, 1981: 472.

Diese Stellungnahmen können nur als die Anerkennung der Ungenügsamkeit der allgemeinen dogmatischen Untersuchungen zur Lösung des Problems verstanden werden und bedeuten die Aufgabe einer einheitlichen systematischen Betrachtung der beiden Fälle[72].

Der andere Weg entspricht einer konsequenten dogmatischen Entscheidung. Es wird hier vorwiegend error in persona anerkannt[73]. Das Argument ist, dass die Individualisierung bei der aberratio ictus nicht auf der Identität des Objekts basiert, sondern auf seinem Ort zur Tatzeit[74]. Diese Individualisierung nach der Vorstellung des Täters über das Objekt, das zur Tatzeit genau am Tatort sein wird, war hier nicht gescheitert. Deswegen kann man nicht von einer aberratio ictus sprechen[75].

Es besteht jedoch die Gefahr, dass diese Stellungnahme zu unangemessenen Ergebnissen führt, die nicht in Einklang mit solchen normativen Kriterien zu bringen sind, die zur Lösung des Problems gebraucht werden. Das wird von den Autoren behauptet, die die erste These vertreten.

Es ist noch zu früh, um die Richtigkeit dieser Thesen zu überprüfen. Das ist erst nach der Analyse der Hauptargumente für und gegen die Beachtlichkeit der aberratio ictus möglich. Der Appell auf andere normative Kriterien wird erst im Kapitel 4 untersucht und kritisiert. Die Möglichkeit der Aufrechterhaltung eines einheitlichen Kriteriums, das nicht zugleich zu unangemessenen Ergebnissen führt, wird in 5.222 wieder diskutiert.

1.13 Unumstrittene Fälle

Die hier zu bearbeitenden Fälle sollen nicht unter dem Begriff der aberratio ictus besprochen werden. Da sie zur gesamten Problematik der Vorsatzzurechnung gehören und die Grenze zur Abirrung schwer zu ziehen ist, ist es empfehlenswert, sie schon hier zu erörtern und von unserer Untersuchung ausschließen.

---

[72] Das wird natürlich nicht anerkannt. Bei Roxin z. B. würde die Berufung auf kriminalpolitische Argumente die Grundlegung des gesamten Systems bestätigen. Weiterhin ist anzumerken, dass in diesem Zusammenhang diese Berufung zwar klar ist, aber nicht ausdrücklich gemacht wird.

[73] Abweichend, obwohl auch einen festen Unterschied zwischen aberratio ictus und error in objecto aufrechterhaltend, Jescheck/Weigend, 1996: 313.

[74] Frisch, 1988: 594; Jakobs, 1993: 304; für Jakobs wäre als Ausnahme anzuerkennen, wenn das vom Täter vorhergesehene Risiko, insoweit es für seine Entscheidung relevant ist, nur für ein Opfer von bestimmter Individualität vorliegt. Dazu s. auch Rath, 1993: 43.

[75] Dagegen argumentiert Herzberg (1981, 473): „Damit wäre endgültig im Lager der Mindermeinung, und man könnte ihr gleich auch zugestehen, durch einen gezielten Schuß wolle der Täter den töten, den die Kugel treffen werde."

(α) Zuerst, wenn das getroffene Objekt, obwohl es nicht das unmittelbare Ziel des Täters war, in Form eines dolus eventualis auch von seinem Vorsatz erfasst wurde. Hier besteht kein Zweifel, dass der Täter für das vollendete vorsätzliche Delikt bestraft werden soll[76]. Wenn beide Objekte getroffen werden, sind zwei Möglichkeiten zu betrachten: Entweder handelt es sich um kumulativen Vorsatz, d. h. die Verursachung beider Erfolge wurde vom bedingten Vorsatz des Täters umfasst; dann ist er für Idealkonkurrenz zu bestrafen. Oder es handelt sich um einen Fall von dolus alternativus: Beide Erfolge sind vom Vorsatz umgefasst, aber nur einer soll sich verwirklichen; entweder trifft er A oder B. Es gibt hier drei mögliche Lösungen: Bestrafung wegen vollendetem Verbrechen in Idealkonkurrenz mit versuchtem Verbrechen[77], Bestrafung nur wegen des verwirklichten Tatbestandes[78], oder Bestrafung wegen des schwereren Delikts[79].

(β) Es besteht weiter Konsens in der Literatur über die Hypothese, dass der Täter, außer der Verursachung des gewollten Erfolgs, auch ein anderes Objekt trifft, das von seinem Vorsatz nicht umfasst wurde[80]. Wenn dieser zweite Erfolg fahrlässig verursacht wurde, besteht keine Schwierigkeit, Idealkonkurrenz mit dem vorsätzlichen Verbrechen anzuerkennen. Wenn nicht, handelt es sich selbstverständlich lediglich um ein einziges Verbrechen. Komplizierter ist der Fall, in dem z. B. A gegen B mit Tötungsvorsatz schießt, ihn aber nur verletzt, jedoch den danebenstehenden C tötet. Die Lösung hier soll davon abhängen, wie die normalen Fälle von aberratio ictus behandelt werden.

(γ) Unumstritten ist auch die Lösung der Fälle von sogenannten aberratio criminis oder aberratio delicti[81]. Trotz der gleichen Struktur wie bei aberratio ictus,

---

[76] Jescheck/Weigend, 1996: 313; Jakobs, 1993: 303; Maurach/Zipf, 1992: 329; Baumann/Mitsch/Weber, 2003: 500; Roxin, 2006: 517; Kühl, 2002: 474; Wessels/Beulke, 2002: 84; Tröndle/Fischer, 2001: 123; Rudolphi, 2005: § 16, Rn. 33; Engisch, 1930: 71; Lüth, 1933: 5 f.; Rath, 1998: 539 f.; Backmann, 1972: 327.

[77] In diesem Sinne Jescheck/Weigend, 1996: 304; Jakobs, 1993: 278; Roxin, 2006: 480; Baumann/Weber/Mitsch, 2003: 492. Dazu kritisch Silva-Sanchez, 1989: 379. Wessels/Beulke (2002: 80) akzeptieren diese Lösung, wenn der Unrechtsgehalt von beiden Verbrechen wesentlich verschieden ist.

[78] Wessels/Beulke, 2002: 80, für Fälle von gleicher oder ähnlicher Schwere; in ähnlichem Sinne Maurach/Zipf, 1992: 309.

[79] Otto, 2000: 80; Kühl, 202: 474. Auch Wessels/Beulke (2002: 80), wenn sich keiner der Erfolge verwirklicht, d. h der Täter soll für den Versuch des schwereren Verbrechens bestraft werden.

[80] Über diesen Fall vgl. Binding, 1918: 219 f. In der italienischen Literatur vgl. z. B. Mantovani, 2001: 402; Leone, 1987: 80.

[81] Diese Namen werden am meistens bei der italienischen (vgl. Mantovani, 2001: 401 f.; Leone, 1987: 80; Fiandaca/Musco, 2002: 346) und der von dieser beeinflussten Literatur (vgl. z.

gehören die Objekte hier nicht zur gleichen Gattung[82] oder, präziser, nicht zum gleichen Tatbestand[83]. Hier ist unumstritten Idealkonkurrenz von vorsätzlichem und – wenn überhaupt – fahrlässigem Verbrechen zu bejahen[84]. Auch wenn die gleiche Hypothese in der allgemeinen Struktur von einem error in persona geschieht, ist der Fall so zu behandeln.

(δ) Schließlich herrscht auch Konsens bei Fällen absoluter Unangemessenheit des Kausalverlaufs in Bezug auf den tatsächlichen herbeigeführten Erfolg. Hier gibt es nur versuchtes Verbrechen. Wegen der extremen Unvorhersehbarkeit des Erfolgs ist schon die objektive Zurechnung zu leugnen[85].

1.2 Rechtliche Relevanz und Konsequenzen. Die Argumente erster Stufe

Die Diskussion um die mögliche Beachtlichkeit der aberratio ictus hat sich geschichtlich auf die beiden Strömungen der Konkretisierungs- und der Gleichwertigkeitstheorie konzentriert. Die Konkretisierungstheorie entspricht der herrschenden Meinung in der Literatur und der Rechtsprechung. Ihr folgend fehlt bei der aberratio ictus die Konkretisierung des Vorsatzes auf sein Objekt und deswegen ist nur Versuch und ggf. fahrlässiges Verbrechen zu bejahen[86]. Für die Gleichwertigkeitstheorie ist ein vollendetes Delikt anzunehmen, weil der Täter den objektiven und den subjektiven Tatbestand realisiert habe.

Im Folgenden analysieren wir die wichtigsten Argumente für beide Lösungen. Wir nennen sie Argumente erster Stufe, weil sie sich auf das spezifische dogmatische Problem der aberratio ictus beziehen und im Vordergrund der Diskussion stehen. Argumente zweiter Stufe wären die, die der Korrektur einiger Lösungen dienen, die zwar von den Argumenten der ersten Stufe herbeigeführt wurden, aber unangemessen scheinen. Sie werden erst im Kapitel 4 analysiert.

B. in der brasilianischen Lehre: Fragoso, 1985: 372; Prado, 2001: 284; Silva Franco; 1367 f.) benutzt.
[82] Dies ist die normale Definition in der Lehre: vgl. u.a. Kindhäuser, 2000: 167.
[83] Hillenkamp, 1971: 19.
[84] Vgl. Lüth, 1933: 49; Roxin, 2006: 516; Kindhäuser, 2000: 167 f.; Kühl, 2002: 474.
[85] Vgl. Puppe, 1981: 16; Silva-Sanchez, 1989: 364; Roxin, 2006: 517.
[86] S. RGSt 2, 335; RGSt 3, 384; RGSt 54, 349; RGSt 58, 27; BGHSt 34, 53; BGHSt 37, 214; BGHSt; OLG Neustadt NJW 1964, 311.

1.21 Argumente für die Unbeachtlichkeit

1.211 Der Gesetzwortlaut und das Gattungsargument

Das wichtigste und häufig gebrauchte Argument für die Unbeachtlichkeit der aberratio ictus besagt, dass das Gesetz das Objekt der Verletzung nicht individualisiert, sondern es nur in seinen allgemeinen Eigenschaften betrachtet; deswegen sei nicht relevant, um welches spezifische Objekt es sich handelt, nur dass ein Objekt getroffen wurde, das zur selben Gattung des Tatbestandsobjekts gehört[87]. Von Köstlin wurde dieses Argument schon in der Weise formuliert, dass ein anderes „gleichtaugliches Objekt"[88] getroffen wird: „Völlig gleichgültig ist es, ob die Handlung durch faktischen Irrthum ein taugliches Objekt statt eines andern traf, so daß ihre Natur dieselbe blieb"[89].
Eine erste Differenzierung ist hier erforderlich. Das Argument wurde oft in Verbindung mit Theorien gebraucht, die den Willen als Vorsatzelement verstanden. Diesen Theorien entstammt der bekannte Satz, dass der Täter eine Person töten wollte und eine Person getötet hat. Das muss nicht so sein[90]. Sein moderner Gebrauch gründet sich eigentlich auf die Vorstellung des Täters, nicht auf seinen Willen. In dieser modernen Auffassung, und unter Bezugnahme auf moderne Befürwortungen, werden wir die Theorie im Folgenden analysieren.
Das Argument baut sich aus fünf Ebenen auf.
Auf der ersten Ebene wird behauptet, dass die Vorstellung des Täters von einem individualisierten Objekt die Vorstellung allgemeiner Eigenschaften enthält, die nicht ausschließlich diesem Objekt, sondern auch anderen gehören[91]. Ein Objekt wird nicht unmittelbar, sondern erst durch die Eigenschaften, die es bilden, indi-

---

[87] Vgl. Finger, 1902: 176: „Da auch hier die That des Täters sich mit dem Thatvorbilde in allen rechtlich relevanten Punkten deckt, so ist der unterlaufene Irrthum ohne Bedeutung." Auch v. Buri, 1873: 82 ff., der jedoch die Strafbarkeit mithilfe eines Voraussehbarkeits- und Wahrscheinlichkeitsurteils begrenzt (vgl. v. Buri, 1873: 84, 86 f.); Beling, 1906: 325; Frank, 1908: 135 f.; M. E. Mayer, 1923: 327; Röbert, 1933: 50; Lüth, 1933: 22 ff., 32; v. Weber, 1935: 16; ders., 1948: 15; Sauer, 1955: 168; Welzel, 1969: 75; Loewenheim, 1966: 312 ff.; Puppe, 1981: 9; dies., 1992: 10 ff.; dies., 2002: 399 ff.
[88] Köstlin, 1855: 200.
[89] Köstlin, 1855: 198. Dies passiert, „wenn eine verbrecherische Absicht irrthümlich an einem andern, übrigens ebenso tauglichen Objekte (Person oder Sache) ausgeführte wurde, als an demjenigen, welches der Handelnde zu treffen glaubte , – und wenn die in Ausführung begriffene Absicht vermöge eines Zufalls an einem andern, aber ebenso tauglichen Objekte als dem vom Handelnden ausersehenen realisirt wird, vorausgesetzt nur, daß im letzterem Falle nicht der Zufall zwischen die Ausführung der Absicht und den ihr entsprechenden Erfolg ein dem Wesen der Handlung fremdes Moment eingeschoben hat, durch dessen Dazwischentritt die Handlung selbst zu einem ihrem Wesen fremden Erfolg abgelehnt wird."
[90] Dies ablehnend Puppe, 1998: 288.
[91] Puppe, 1981: 9; dies., 1998: 288.

vidualisiert⁹². Einige dieser Eigenschaften sind allen Objekten gemeinsam, die eine bestimmte Gattung konstituieren. Was den Tatbestand betrifft, wird diese Gattung von den Eigenschaften, die der Gesetzgeber gewählt hat, bestimmt. Die Stellung des Objekts zu einer bestimmten Zeit an einem bestimmten Ort ist nur eine dieser Eigenschaften, die es individualisieren, so dass eine Privilegierung dieser Eigenschaft einer Rechtfertigung bedarf⁹³. Andererseits trifft mindestens eine Individualisierung im Fall der aberratio ictus immer zu, nämlich, dass der Täter immer dasjenige Objekt treffen will, das in den Wirkungskreis seines Angriffes geraten wird⁹⁴. Das eigentliche Problem ist also zu bestimmen, welche Individualisierung entscheidend zur Bestimmung der Zurechnung ist, d. h. welche „man als Limitierung des Zurechenbaren versteht"⁹⁵.

Auf der zweiten Ebene wird behauptet, dass nur der Gesetzgeber in der Lage ist, zu beurteilen, welche Eigenschaften wichtig sind und welche von dem Vorsatz umfasst werden sollen⁹⁶. Das legt er im objektiven Tatbestand fest. Die Konkretisierung der Tatsachen dieses Tatbestands kann man nicht einfach vom „Leben" erwarten⁹⁷. Jede Beschreibung von Tatsachen impliziert schon eine Bewertung („das Leben tut uns den Gefallen nicht, uns vorgefestigte Tatsachen oder Dinge zu liefern"), für die im Bereich des Strafrechts nur der Gesetzgeber legitimiert ist⁹⁸. Außerdem kann man die Welt nicht in allen ihren Einzelheiten beschreiben. „Die Frage, welche konkreten Tatsachen denn im Einzelfall den Tatbestand erfüllen, ist also im strengen Sinne des Wortes unsinnig."⁹⁹ Nur die Auslegung des Tatbestands kann also eine Antwort über die Bejahung oder Nichtbejahung des Vorsatzes geben und diese Auslegung soll sich auf den Gesetzwortlaut konzentrieren¹⁰⁰.

Auf der dritten Ebene wird festgestellt, dass die Vorstellung des Täters über die Objektidentität oder über seine Stellung in der Zeit und am Ort der Tat nicht zum objektiven Tatbestand (im Allgemeinen, sei es der Tötungstatbestand oder andere) gehört¹⁰¹.

Der vierten Ebene entspricht die Meinung, dass in manchen Fällen die generelle Vorstellung des Objekts, also die Vorstellung, die sich auf Gattungseigenschaf-

---

⁹² Ebd.
⁹³ Puppe, 1981: 10; Janiszewski, 1985: 536; Heuchemer, 2005: 278.
⁹⁴ Puppe, 1981: 7; Janiszewski, 1985: 537.
⁹⁵ Janiszewski, 1985: 534.
⁹⁶ Puppe, 2002: 339 ff., 341; Kuhlen, 1987: 484.
⁹⁷ Puppe, 1992: 14; dies., 2002: 341.
⁹⁸ Puppe, 1992: 16; dies., 2002: 342.
⁹⁹ Puppe, 2002: 341.
¹⁰⁰ Puppe, 2002: 339. Trotz seiner Befürwortung des Gattungsarguments leugnet Loewenheim (1966: 313), dass eine Antwort für das Problem sich auf der Basis einer bloßen Auslegung des Gesetzes ergeben kann.
¹⁰¹ Puppe, 2002: 344; dies., 1992: 11 f.; Heuchemer, 2005: 280.

ten bezieht, genügt, um die Zurechnung zum Vorsatz zu bejahen[102]. Man spricht hier von einem „Mindestinhalt des Vorsatzes"[103]. Am häufigsten werden die Beispiele erwähnt, in denen der Täter entweder auf eine Personenmenge schießt, ohne zu wissen, wen der Schuss treffen wird, oder eine Bombe in einem öffentlichen Raum installiert, ohne wissen zu können, wen oder wie viele Personen verletzt werden[104]. In solchen Fällen sei unumstritten vorsätzliches Verbrechen anzunehmen.

Auf der fünften Ebene wird das entscheidende Moment genannt: Wenn die Vorstellung von allgemeinen Elementen genügt, die Zurechnung des Erfolgs zum Vorsatz zu bejahen, besteht kein Grund, bei anderen Fällen mehr als dies zu verlangen[105]. Man bedarf natürlich eines Grundes, um von der Tatsache, dass die Vorstellung von generellen Eigenschaften in einigen Fällen für die Bejahung des Vorsatzes reicht, zu schließen, dass die Vorstellung dieser Eigenschaften in allen Fällen dafür reicht[106]. Verschiedene Fälle können – und sollen – vom Recht unterschiedlich beurteilt werden. Es ist plausibel zu sagen, dass die unterschiedlichen Fälle gleich zu beurteilen sind, weil es das Gesetz so bestimmt. Diese Ebene der Argumentation hängt also stark mit den vorigen zusammen.

Anzumerken ist schließlich, dass es einen merkwürdigen Unterschied macht, ob der Wille als Vorsatzelement berücksichtigt wird oder nicht. Es ist etwas anderes zu sagen, dass eine spezifische Objektvorstellung eine generelle impliziert, als zu behaupten, dass ein spezifischer Wille einen generellen Willen impliziert[107]. Man müsste dann die entsprechende Ebene der Argumentation aufgeben, um sich wieder darauf zu konzentrieren, dass das Gesetz nur einen Verletzungswillen gegen die Objektgattung verlangt.

1.212 Adäquanz des Kausalverlaufs

Vor allem Welzel vertritt die Meinung, dass die Unbeachtlichkeit der aberratio ictus sich darauf begründet, dass der Kausalverlauf innerhalb der Grenzen der Adäquanz bleibt[108]. Obwohl die Kausalität eine ontologische Kategorie ist, sind

---

[102] Loewenheim, 1966: 313; Puppe, 2002: 369; Heuchemer, 2005: 278 f.
[103] Puppe, 1992: 11.
[104] Ebd.
[105] Loewenheim, 1966: 314; Puppe, 2002: 371. Ähnlich in Bezug auf den error in objecto Alwart, 1979: 352 f. Kritisch zu dieser Argumentation vgl. Rath, 1993: 117 f.; 239.
[106] Kritisch dazu Hettinger, 1990: 552.
[107] Diese These wäre sowieso schwierig zu akzeptieren. Vgl. dazu Binding, 1916: 829.
[108] Welzel, 1969: 73. Eine Art Adäquanzurteil wurde schon von v. Buri (1873: 84 f.) benutzt, aber um die Strafbarkeit auszuschließen, wenn das Treffen des anderen Objekts überhaupt nicht vom Täter vorausgesehen werden könnte. Der Unterschied ist, dass die Adäquanz des Kausalverlaufs auf der objektiven und die Voraussehbarkeit des Erfolgs auf der subjektiven Ebene analysiert wird. Dazu s. Hillenkamp, 1971: 22, Fn. 18. Auch Köstlin (1855: 198)

nicht alle Kausalverläufe für das Recht relevant; diese Relevanz hängt von einer Bewertung ab[109]. Von dem Maßstab der allgemeinen Lebenserfahrung her sei zu beurteilen, ob eine Abweichung im Kausalverlauf vorhersehbar ist oder nicht; wenn ja, ist sie unwesentlich und der Kausalverlauf bleibt im Rahmen der Adäquanz[110]. Genau das passiere mit der aberratio ictus.

1.213 Strafbarkeitslücke

Ein (zu) einfaches Argument für die Unbeachtlichkeit der Abirrung lautet: Wenn nur Versuch in Idealkonkurrenz mit fahrlässigem Verbrechen anzunehmen wäre, würde die Strafbarkeit von vielen Taten davon abhängig sein, ob der Versuch und die fahrlässige Begehung der Tat strafbar sind. In manchen Fällen könnte die Tat überhaupt unbestraft bleiben[111], was unerträglich für die Rechtsordnung wäre.

Das Argument symbolisiert eine Art Dezisionismus in der strafrechtlichen Diskussion, die erst später besprochen wird[112]. Die Gesetzesauslegung geht schon von einer Entscheidung für die Bestrafung aus. Es spielt keine Rolle, dass die Nichtstrafbarkeit des Versuchs und der fahrlässigen Tatbegehung eine gesetzgeberische Entscheidung ist. Auch das Gesetzlichkeitsprinzip spielt keine Rolle. Es besteht immer die Gefahr, dass ein Verbrechen, fast als eine ontologische Kategorie verstanden, straflos bleibt.

1.214 Das Erfolgsprinzip

Dieses Argument entspricht einer Kritik systematischer Lösungen im Strafrecht. Nur auf einer prinzipiologischen Gedankenweise basiert kann das Strafrecht zur angemessenen Lösungen führen[113]. Von allgemeinen strafrechtlichen Prinzipien ausgehend, sollen die dogmatischen Entscheidungen getroffen werden. Ansatz für die Betrachtung der Abirrungsfälle soll diesem Argument nach die ratio der Strafbarkeitsminderung des Versuchs sein[114]. Das lässt sich anscheinend in der Weise erklären, dass strukturell die aberratio ictus ein Versuchsfall ist, und nur deswegen eine verminderte Strafbarkeit vertreten wird. Bei dem beendeten Ver-

---

schließt die Strafbarkeit aus, wenn der Erfolg sich von bloßem Zufall, also vom Täter unvorhersehbar, ergibt. Welzel wandelt aber das Argument um, um die Strafbarkeit im Allgemeinen zu bejahen.

[109] Welzel, 1969: 43.
[110] Welzel, 1969: 73.
[111] Vgl. z. B. M. E. Mayer, 1923 : 331. In der ausländischen Literatur vgl. im gleichen Sinne Mantovani, 2001: 399.
[112] S. unten 4.2.
[113] Noll, 1965: 1 ff.
[114] Noll, 1965: 5.

such wird der Täter geringer bestraft, weil der Vorteil für das Opfer, das nicht verletzt wird, sich auch zugunsten des Täters auswirken soll. Die ratio dieser Strafminderung ist also das Erfolgsprinzip und dementsprechend die Nichtverwirklichung des Erfolgs. Im Fall von aberratio ictus verwirklicht sich aber der Erfolg, weshalb kein Grund bestehe, die Strafbarkeit zu vermindern[115].

1.215 Der Täter darf nicht über die Zurechnung entscheiden

In Verbindung mit dem Gesetzeswortlautsargument wird von Puppe ein rein normativer Begriff von Vorsatz vertreten.[116] Ihn begründet nicht der Wille des Täters (normalerweise durch Formeln wie „Entscheidung gegen das Rechtsgut" oder „Inkaufnahme des Risikos des Erfolgs"), sondern eine „wissentliche Setzung einer qualifizierten Gefahr"[117], die als ein „Komplex von Tatsachen, aus denen die mehr oder weniger große Wahrscheinlichkeit eines negativ bewerteten Erfolges nach allgemeinen Gesetzen ableitbar ist", begriffen wird[118].
Der Vorsatz wird von der Wahrscheinlichkeit der Erfolgsverursachung her determiniert. „Vorsätzlich verursacht der Täter eine unerlaubte Gefahr dann, wenn ihm Eigenschaften seines Verhaltens bewußt sind, aus denen ein Verstoß gegen eine Sorgfaltsregel ableitbar ist."[119] Diese Gefahr muss sich im Kausalverlauf zum Erfolg verwirklichen[120].
Hinsichtlich der aberratio ictus hängt die Anerkennung des Vorsatzes auch von der Vorstellung und Verwirklichung einer Vorsatzgefahr ab, was im Allgemeinen zu bejahen ist. Wenn nicht – wenn zum Beispiel die Gegend völlig einsam ist –, ist dem Täter der Erfolg wie bei der herrschende Lehre[121] nur fahrlässig zuzurechnen[122]. „Ob der Täter wissentlich eine Vorsatzgefahr geschaffen hat, hängt nur davon ab, ob seine Falle hinreichend geeignet dafür ist, dass überhaupt ein tatbestandsmäßiges Objekt hineingeht."[123] Der Unterschied zu der herrschenden Lehre liegt in dem Verständnis von der Vorstellung und Verwirklichung einer Vorsatzgefahr, d. h. in den allgemeinen Grundlagen der Vorsatzzurechnung. Nur die Intensität der Vorsatzgefahr – die gerade den Unterschied zwischen Vorsatz und Fahrlässigkeit[124] begründet – sei der Maßstab für seine Bejahung oder

---

[115] Ebd.
[116] Puppe, 2002: 319.
[117] Puppe, 1992: 35 ff.; dies., 2002: 385.
[118] Puppe, 1992: 24.
[119] Puppe, 1992: 26.
[120] Vgl. Puppe, 1992: 49: „Die Wirklichkeit und die Vorstellung des Täters müssen in so vielen Faktoren übereinstimmen, als notwendig sind, um eine Vorsatzgefahr zu konstituieren."
[121] Zutreffend Kindhäuser, 2005: 129.
[122] Puppe, 1992: 50.
[123] Puppe, 1992: 52.
[124] Puppe, 1992: 62; dies., 2002: 268, 290 ff.

Verneinung. Wenn man den Willen als Maßstab festlegt, entscheide der Täter selber, ausgehend von seinen internen Dispositionen, über die Vorsatzzurechnung[125]. Dazu ist aber nur der Gesetzgeber legitimiert[126]. Der Täter, der ein hohes Maß von Gefahr schafft, das Bewusstsein dieser Gefahr aber verdrängt, wäre gegenüber einem, der eine geringere Gefahr herbeiführt, privilegiert[127]: „(...) ob eine Eigenschaft des Erfolgs oder des Kausalverlaufs für die Zurechnung zum Vorsatz maßgeblich ist, hängt jedenfalls nicht davon ab, ob sie Umstände betrifft, die für die Akzeptanz des Ergebnisses durch den Täter selbst maßgeblich sind, volkstümlich ausgedrückt, ob die Abweichung ihm in den Kram paßt."[128] Die Lehre der Vorsatzgefahr diene der Einschränkung, nicht der Ausbreitung des Vorsatzbegriffs, weil die Zurechnung von allen den Gefahren, die ein bestimmtes Maß an Intensität nicht erreichen, ausgeschlossen wird[129]; andererseits begrenze sie die Willkürlichkeit bei der Rechtsanwendung und dem Treffen einer Entscheidung über die Bejahung des Vorsatzes[130].

1.22 Argumente für die Beachtlichkeit

1.221 Die Erforderlichkeit der Konkretisierung

„Man kann nicht Menschen in blanco (...) töten wollen."[131] Zum Vorsatz gehört die Kenntnis der konkreten Tatumstände, der „Merkmale des realen Geschehens"[132]; er muss sich also an einem konkreten Objekt verwirklichen, die allgemeine Kenntnis der abstrakten Begriffe des Tatbestandes reicht nicht aus – so lautet das Hauptargument für die Beachtlichkeit der aberratio ictus[133]. Das Ar-

---

[125] Puppe, 1981: 11; dies., 2002: 385.
[126] In die gleiche Richtung weist Heuchemer (2005: 279), wenn er behauptet, es müsse „dem deliquierenden Individuum jede Disposition über die Reichweite der Extension des Begriffs der Vollendung (...) entzogen werden".
[127] Puppe, 2002: 295 f.
[128] Puppe, 1992: 61 f.
[129] Puppe, 2002: 315
[130] Puppe, 2002: 317.
[131] H. Mayer, 1953: 248.
[132] Warda, 1979: 71.
[133] Vgl. v. Bar, 1871: 74; Merkel, 1889: 83; Binding, 1916: 854; ders., 1918: 223; Olshausen, 1916: 265; Meyer, 1877: 29; Kohlrausch, 1927: 74; v. Hippel, 1930: 334; Engisch, 1930: 70 f.; Noack, 1966: 24 f.; Maurach, 1992: 329 f.; Wessels/Beulke, 2002: 84 f.; Gropp, 2001: 151; Freund, 1998: 244; Kühl, 2002: 473; Jescheck/Weigend, 1996: 313; Otto, 2000: 96; Frisch, 1988: 616 ff.; Schmidhäuser, 1975: 402 ff.; Bemmann, 1958: 817; Mezger, 1957: 100; Dohna, 1941: 17; Baumann/Weber/Mitsch, 1993: 501; Lackner/Kühl, 2001: 88; Rath, 1998: 544; Schönke/Schröder/Cramer/Sternberg-Lieben, 2001: 260; Tröndle/Fischer, 2001: 122; Joecks, 2003: 668; Rudolphi, 2005: § 16, Rn. 33; Hruschka, 1991: 492; Hettinger, 1990: 543 ff.;

gument wird oft in Verbindung mit der Unmöglichkeit eines abstrakten Willens gebraucht[134], ist aber auch davon unabhängig zu vertreten, insofern sein zentraler Gesichtspunkt der Vorstellung des Täters entspricht. Das Argument geht davon aus, dass das Gesetz im Moment der Rechtsanwendung einer Konkretisierung bedarf und dass die Konkretisierung von einer Tatsache der Wirklichkeit gegeben werden soll. Darüber hinaus wird erwähnt, dass § 16 StGB nur über „Kenntnis" der Tatbestandsmerkmale spricht, während § 22 von dem Begriff „Vorstellung" zur Kennzeichnung des Tatentschlusses Gebrauch macht. Der Begriff „Kenntnis" fasse „nur das Bewusstsein von etwas real gegebenem" um, so dass die Vorstellung des Täters zwar den Tatentschluss, aber nicht den Vorsatz begründe[135].

1.222 Fehlende Beherrschung des Kausalverlaufs

Indem der Täter ein anderes Objekt als das von ihm vorgestellte (und gewollte) trifft, hat er die Kausalfaktoren der Tat nicht entsprechend einer vorsätzlichen Ausführung beherrscht[136].
In seiner allgemeinen Formulierung führt dieses Argument die Diskussion zurück zu der Problematik der Wesentlichkeit der Abweichung. Es kommt darauf an, ob die Nichtbeherrschung des Kausalverlaufs so relevant ist, dass in Konsequenz der Vorsatz verneint werden muss.
Eine Verbindung dieses Arguments mit der Gattungsidee vertritt andererseits Janiszewski. Nach ihm soll die aberratio ictus beachtlich sein, wenn dem Täter die finale Steuerung der Tat in dem Maße fehlt, dass auch ein Objekt einer anderen Gattung vom Rechtsgut getroffen werden könnte[137].

Backmann, 1971: 118; Warda, 1979: 71. In der ausländischen Literatur gegen einen „abstrakten Vorsatz" vgl. Fiandaca/Musco, 2002: 344.
[134] Eindeutlich z. B. bei Backmann, 1972: 327: „In solchen Fällen gehört dieses *Richtungs*element des Kausalverlaufs als Mindestkonkretisierungsfaktor ebenso notwendig zum Willen des Täters wie die wenigstens grundsätzlich bestimmte und konkretisierte Art der *Wirkung* des Angriffs." Hervorhebungen im Original.
[135] Rudolphi, 2005: § 16 Rn. 33b; dazu vgl. auch Schlehofer, 1996: 19 f.; ders., 1992: 313.
[136] Schreiber, 1985: 875; Schroeder, 2003: § 16, Rn. 9; Toepel, 1996: 888, 891. Schon in dieser Richtung Berner (1898: 122): „Bei einer Abirrung der Handlung löset sich dagegen die Vermittlung von Wille und That in der Weise auf, daß der Kausalismus der Außenwelt fortgeht, ohne vom Willen beherrscht zu werden: woraus denn folgt, daß die durch Abirrung herbeigeführte Folge dem Thäter mindestens nicht zum Dolus zugerechnet werden kann."
[137] Janiszewsik, 1985: 537.

1.223 Das Schuldprinzip und der Zufall

Eine Begründung der Beachtlichkeit der aberratio ictus beruht auf der Meinung, dass der bloße Zufall über die Strafbarkeit entscheiden würde[138]. Außerdem würde dem Täter etwas zugeschrieben, das er nicht gewollt und nicht überhaupt vorhergesehen hat. Dies verstöße gegen das Schuldprinzip und würde eine Wiederbelebung des versari in re illicita bedeuten. Von Koriath wird dieses Argument auch verwendet, um Puppes „inquisitorischer" Behauptung zu widerstreiten, dass „der Täter (...) stets das Objekt verletzen [will], das in den Wirkungsbereich seines Tatmittels geraten wird"[139].

Die herrschende Meinung erkennt allerdings an, dass einige Faktoren im Kausalverlauf der Handlung eigentlich zufälligerweise erscheinen. Das hängt mit der Unvoraussehbarkeit aller Einzelheiten dieses Verlaufes zusammen[140]. Die Frage dreht sich also um das tolerierte Maß an Zufälligkeit.

1.224 Kongruenz zwischen Risikoschaffung und Risikorealisierung

Nach dieser Argumentation setzt die Zurechnung zum Vorsatz voraus, dass das vom Täter geschaffene Risiko sich in dem Erfolg verwirklicht[141]. Ein Risiko realisiert sich im Erfolg, wenn es den Kausalverlauf zum Erfolg erklärt[142]. Bei der aberratio ictus schafft zwar der Täter ein Risiko für andere Gegenstände außer dem von ihm angezielten; dieses Risiko wird von ihm aber nicht erkannt, weshalb es sich nicht im Erfolg verwirklicht[143]. Das Treffen eines anderen Objekts, in Bezug auf das gesehene Risiko, sei bloßer Zufall[144].

1.225 Die Planverwirklichung

Das von Roxin vorgeschlagene Leitungskriterium für die Zurechnung zum Vorsatz besagt, dass unabhängig von dem tatsächlichen Kausalverlauf der Vorsatz zu bejahen ist, wenn der Täter seinen Plan verwirklicht hat[145].

---

[138] Vgl. Wachenfeld, 1914: 161, Fn. 1; Binding, 1918: 95, Fn. 14; Wessels/Beulke, 2002: 84; Koriath, 1997: 906 f.; Gropp, 1998: 55 ff.; ders., 2001: 472; Jakobs, 1993: 303. Wie schon erwähnt (s. Fn. 108), schloss auch Köstlin (1855: 198), der die Irrelevanz der aberratio ictus vertrat, die Strafbarkeit aus, wenn die Abirrung sich aus einem Zufall ergibt.
[139] Koriath, 1997: 906 f.
[140] Puppe, 1992: 32.
[141] Jakobs, 1993: 296 ff.; Silva-Sanchez, 1989: 374 ff.; 377; Wolter, 1977: 664.
[142] Jakobs, 1993: 296.
[143] Jakobs, 1993: 303; Silva-Sanchez, 1989: 378; vgl. auch Frisch, 1988: 617. Kritisch dazu Puppe, 1992: 18.
[144] Jakobs, 1993: 303.
[145] Roxin, 1977: 189 ff.; ders., 2006: 513 ff.

Im Bereich der aberratio ictus ist das Verfehlen des Handlungsobjekts erheblich, weil in der Regel der Tatplan an dieses Objekt gebunden ist[146]. Bei den Fällen, in denen der Täter auf eine Menschenmenge schießt oder eine Bombe in einem öffentlichen Raum installiert, ist vorsätzliches Verbrechen anzunehmen, weil unabhängig von den Opfern der Täter seinen Plan verwirklicht hat. Dahinter steckt die allgemeine Regel, „dass die aberratio ictus die Zurechnung zum Vorsatz dann nicht ausschließt, wenn es nach dem Tatplan auf die Identität des Opfers nicht ankommt"[147].
Konsequent angewendet würde ein solches Kriterium zu dem Ergebnis führen, dass auch der error in objecto beachtlich ist. Um dies zu vermeiden führt Roxin eine normative Korrektur des Kriteriums ein, die festlegt, „dass der Plan des Täters (...) sich schon dann verwirklicht hat, wenn der Handelnde das konkrete Objekt trifft, auf das er gezielt hatte." Maßgeblich sei dann „die Kenntnis des Täters vom Ort des Objekts zur Tatzeit"[148].

1.226 Das Referenzprinzip und der Differenzierungsgrundsatz

Nach Hruschka sollen im Zurechnungsprozess zwei Prinzipien rationaler Rede, die als allgemeine vorrechtliche Bedingungen einer sinnvollen Rede zu verstehen sind, beachtet werden. Das eine ist das Simultaneitätsprinzip, infolgedessen die für die Straftat konstitutiven Momente zugleich gegeben sein müssen[149]. Es lässt sich auf den logischen Grundsatz der Identität zurückführen[150], und beruht darauf, dass eine Straftat immer zu einem bestimmten Zeitpunkt stattfinden muss. Das andere ist das Referenzprinzip, das besagt, dass diese konstitutiven Momente aufeinander bezogen sein müssen[151], sie dürfen nicht einzeln betrachtet werden, sondern sind in einen Zusammenhang integriert[152].
Das Referenzprinzip ergänzt das Differenzierungsprinzip, nach dem die verschiedenen relevanten Gesichtspunkte zur Beurteilung einer einzelnen Handlung, auch wenn sie gleichartig sind, differenziert werden müssen[153]. Die Konsequenz ist, dass „die Qualifikationen der verschiedenen maßgeblichen Gesichtspunkte (die Erfüllung jeweils des subjektiven Tatbestandes, eines objektiven Rechtfertigungstatbestandes oder der subjektiven Voraussetzungen einer Rechtfertigung, die Rechtswidrigkeit der Tat, das Unrechtsbewusstseins des Täters usw.) ... allein auf den Gesichtspunkt bezogen werden [dürfen], zu dem sie sachlich gehö-

---

[146] Roxin, 2006: 517.
[147] Roxin, 2006: 518.
[148] Roxin, 2006: 531.
[149] Hruschka, 1988: 5; ders., 1982: 317.
[150] Vgl. Hruschka, 1982: 317 f., Fn. 2.
[151] Hruschka, 1988: 15; ders., 1991: 490; ders., 1982: 318
[152] Hruschka, 1982: 318; ders., 1988: 22.
[153] Hruschka, 1991: 492.

ren."[154] Dies führt zu dem Schluss, dass der Vorsatz stets konkret, nicht abstrakt sein kann[155].

1.227 Die Identität des Objekts

Die Anerkennung, dass die Identität des Objekts eine Rolle bei der Vorsatzzurechnung spielen kann, verursacht die Schwierigkeit, zu erklären, in welchen Fällen und nach welchen Kriterien sie beachtet werden soll, insbesondere bezüglich des Unterschieds zwischen aberratio ictus und error in objecto und seiner Unbeachtlichkeit. Schon v. Liszt befürwortete die Beachtlichkeit der Identität des Opfers in bestimmten Fällen, unabhängig davon, ob es sich um aberratio ictus oder um error in persona handelte – in diesem Sinne ist sein bekanntes Beispiel von dem Mann, der seinen Todfeind töten will, aber seinen eigenen Sohn trifft[156] zu verstehen; hier sollte von vorsätzlichem Verbrechen nicht die Rede sein.

Bei Roxin und Herzberg wird die Identität des Objekts als Zurechnungskriterium wiederbelebt[157], aber ohne eine angemessene Etablierung der Basis ihrer Anwendung. In einem alltagssprachlichen Begriff von Planverwirklichung wäre sie immer anwesend; normativ betrachtet bedarf die Differenzierung nach konkreten Umständen einer Rechtfertigung, die bei Roxin nicht klar ist.

Es lässt sich vermuten, dass ihre Anwendung zur Einschränkung der Strafbarkeit der Befriedigung einer Art Einzelfallgerechtigkeit dient. Sie weist jedenfalls die Ungenügsamkeit rein systematischer Lösungen auf.

1.228 Das Rechtsgut

Die Berufung auf das Rechtsgut als entscheidendes Argument innerhalb der Systematik des Strafrechts, und nicht nur bei ihrer Grenzziehung, ist weit verbreitet[158]. Für die Beachtlichkeit der aberratio ictus ist es in zwei Hauptvarianten verwendet worden.

Die eine ist von Silva-Sanchez formuliert und nimmt an, dass das Rechtsgut das Kriterium ist, mit dem die verschiedenen Risiken, die eine Handlung beinhaltet, unterschieden werden können[159]. Diese Unterscheidung sei notwendig, weil der Vorsatz nur das Risiko umfasst, das sich im Erfolg verwirklicht hat[160]. Verschie-

---

[154] Ebd.
[155] Ebd.
[156] v. Liszt, 1919: 171. Gegen v. Liszt/Schmidt, 1932: 269.
[157] S. oben 1.11222. Über diese Wiederbelebung vgl. Warda, 1984: 159.
[158] S. z. B. Roxin, 2004a: 929 ff.
[159] Silva-Sanchez, 1989: 373 ff.
[160] Ebd.

dene Risiken sind dann erstens die, die Rechtsgüter verschiedener Art bedrohen, aber auch die, die „unterschiedliche Rechtsgüter derselben Klasse oder Art bedrohen, die von demselben Tatbestand geschützt werden (z. B. die verschiedenen tatsächlichen, empirischen Leben, die durch den Totschlagstatbestand geschützt werden)."[161]
Diese Festlegung ist nicht selbstverständlich und bedarf einer Erklärung dessen, was man unter Risiko und dessen, was man unter Rechtsgut versteht. Dass das Risiko als die Wahrscheinlichkeit der Verletzung eines Rechtsguts definiert wird[162], bringt keine Überraschung. Die Definition vom Rechtsgut enthält andererseits einen umstrittenen Faktor. Es stelle nämlich „eine konkrete, empirische Realität in ihrem funktionalen Wert für das Recht (...) und nicht nur einen abstrakten Wert"[163] dar. Daraus wird abgeleitet, dass man „bei der aberratio ictus im Fall der Gleichwertigkeit der bedrohten Objekte ex ante von zwei verschiedenen Risiken sprechen [kann], die in der Handlung begründet liegen. Das eine davon ist vom Vorsatz umfasst, das andere nicht."[164] Nur das Risiko, das vom Vorsatz nicht umfasst wird, verwirklicht sich[165]. Die naheliegende Frage, die sich daraus ergibt, ist, warum nicht das gleiche für den error in persona gelten sollte. Bei diesem jedoch habe der Täter „eine Gefahr für ein Rechtsgut geschaffen, dessen empirische Realität und Art er genau kannte."[166]
Die zweite Variante wird von Hillenkamp vertreten. Sie geht aus der Gleichwertigkeit aus, besagt jedoch, dass diese eines materiellen, nicht formellen Kriteriums bedarf. Ein formeller Gleichwertigkeitsbegriff, wie er von der Mindermeinung gebraucht werde, sei inhaltlich leer, „da er nur eine Banalität enthält, nämlich die, daß mit jeder Verletzung eines Tatbestandsobjekts die objektive Tatbestandsverwirklichung eintritt."[167]
Ein materieller Gleichwertigkeitsbegriff soll von dem Rechtsgut her entwickelt werden. Bei höchstpersönlichen Rechtsgütern (die genannten Beispiele sind das Leben, die Köperintegrität, die Freiheit und die Ehre) existiere eine „‚ontologische' Interdependenz zwischen diesen Individualgütern und ihrem jeweiligen Träger."[168] Sie seien „in so hohem Grade persönlichkeitsgeprägt und individualabhängig, daß sich die Feststellung einer Gleichwertigkeit mangels Vergleich-

---

[161] Silva-Sanchez, 1989: 374.
[162] Ebd.
[163] Ebd.; ähnlich spricht Frisch (1988: 599) von der „konkreten Verkörperung des Wertes am einzelnen Menschen"; da diese Verkörperung auf den Menschen bezogen wird, bedarf sie trotzdem einer allgemeineren Begriffsdefinition, die bei Silva-Sanchez abgelehnt wird.
[164] Silva-Sanchez, 1989: 374 f.
[165] Ebd.
[166] Silva-Sanchez, 1989: 375.
[167] Hillenkamp, 1971: 112.
[168] Hillenkamp, 1971: 113.

barkeit der Individualwerte verbietet."[169] Deswegen ist auch das Unrecht der Verletzung einer Person etwas *qualitativ* anderes (begründe ein „Unrecht-aliud") als das Unrecht der Verletzung einer anderen[170]. So ist bei diesen Delikten, im Fall von aberratio ictus, eine Vorsatzkonkretisierung erforderlich, weshalb lediglich Versuch und ggf. fahrlässiges Verbrechen angenommen werden sollen[171]. Die Objektsindividualisierung ist hier „konstituierendes Element"[172].
Auf der anderen Seite ist bei Delikten mit „ausschließlich persönlichkeitsunabhängigem Rechtsgut" (Diebstahl und Unterschlagung, Sachhehlerei, Betrug, Jagdwilderei sind genannte Beispiele) die materielle Gleichwertigkeit zwischen dem gewollten und dem herbeigeführten Erfolg anzuerkennen, weil sie keinen qualitativ anderen Unrechtsgehalt begründen, „sondern (...) eine bloße quantitative Erweiterung desselben Unrechtsgehaltes [sind]."[173] Das konstituierende Element des Vorsatzes ist hier die Gattungsvorstellung[174]. Auf dieser Basis sei vorsätzlich vollendete Tat anzunehmen[175].
Schließlich muss man bei „Delikten mit gemischtem Rechtsgutsschutz" feststellen, welches Rechtsgut die Norm eigentlich motiviert und also vorrangig geschützt wird[176]. Dieses wird auf die Erheblichkeit oder Unerheblichkeit der aberratio ictus hinweisen. Trotzdem soll hier auch der Fortsetzungszusammenhang als Orientierungskriterium angewendet werden, sodass „die Entscheidung über den Vorrang eines Rechtsguts (...) nicht ausschließt, daß das komplementär geschützte Individualrechtsgut doch das für die Frage der Gleichwertigkeit entscheidende ist, weil sich das Unrecht der Tat typischerweise gerade in der Individualität des Opfers konkretisiert."[177] Bei Raub und Erpressung ist z. B. vorrangig das Eigentum geschützt, und die Freiheit ist „nur ein Mittel zu der dem Unrechtsgehalt der Tat zunächst bestimmenden Verletzung des Eigentums."[178] Trotzdem bestimme hier die Individualität des Rechtsguts auch den Unrechtsgehalt mit, weshalb die aberratio ictus erheblich sei[179].

---

[169] Ebd.
[170] Hillenkamp, 1971: 114. Um diese These zu unterstützen, appelliert der Autor dann auf die Problematik des Fortsetzungszusammenhangs, wo Gleichwertigkeit nur akzeptiert wird, „wo eine an dem Rechtsgut der verletzten Norm orientierte materielle Gleichartigkeit der Einzelakte besteht."
[171] Hillenkamp, 1971: 116.
[172] Hillenkamp, 1971: 125.
[173] Hillenkamp, 1971: 117.
[174] Hillenkamp, 1971: 125.
[175] Hillenkamp, 1971: 118.
[176] Hillenkamp, 1971: 119.
[177] Hillenkamp, 1971: 120.
[178] Ebd.
[179] Hillenkamp, 1971: 121 f. Zu den Beispielen von Falschverdächtigung und aktiver Bestechung vgl. Hillenkamp, 1971: 123 f.

1.3 Nebenprobleme

Im Folgenden sollen drei spezifische Probleme besprochen werden, die sich aus der Verbindung von der aberratio ictus mit anderen dogmatischen Figuren ergeben. Wir teilen diese Figuren in drei entsprechende Blöcke, nämlich die Notwehr (1.31), die Täterschafts- und Teilnahmelehre (1.32) und die actio libera in causa (1.33).

1.31 Die Notwehr

Im Bereich des Notwehrrechts sind zwei große Fallkonstellationen von aberratio ictus zu unterscheiden: die, in welcher die getroffene Person nicht an der Angriffssituation beteiligt ist; und andererseits die, in welcher die getroffene Person auch ein Angreifer ist. Jede wird im Anschluss an die allgemeine Stellungnahme zur aberratio ictus von der Literatur behandelt.

1.311 Erste Fallkonstellation: Verletzung eines Unbeteiligten

Zur ersten Fallkonstellation liegt es für die herrschende Lehre nahe, den Versuch gegen den Angreifer zu rechtfertigen und unter Umständen (je nach den Kriterien der objektiven Zurechnung) den Täter wegen fahrlässigem Verbrechen gegen den Unbeteiligten zu bestrafen[180]. Der psychologische Einfluss der Angriffssituation auf den Täter soll im Bereich der Schuld berücksichtigt werden, um sie zu vermindern oder auszuschließen[181].
Bei der Mindermeinung wird die Lösung anders konzipiert. Welzel ist der Meinung, dass das Notwehrrecht sich nicht auf einen Unbeteiligten ausbreiten kann, und erkennt wegen der Ungleichartigkeit der Objekte nur Fahrlässigkeit gegen den Dritten an[182]. Puppe nimmt an, dass hier ein Erlaubnistatbestandsirrtum vorliegt[183]. Der Fall ist dem zu vergleichen, in dem das getroffene Objekt die Merkmale eines anderen Tatbestandes erfüllt. Es ist irrelevant, ob es sich um error in persona oder aberratio ictus handelt; entscheidend ist, dass „das getroffene Opfer Eigenschaften aufweist, die für die Rechtswidrigkeit oder die Strafzumessung (Erfolgsunwert) erheblich sind, und diese Eigenschaften sich in der Vorstellung des Täters vom Erfolg seiner Tat nicht finden."[184]

---

[180] Zur Darstellung der Lehre s. Mayr, 1992: 31 ff. Eine Ausnahme wäre die Stellungnahme Franks (1908: 156) im Sinne einer Drittwirkung des Notwehrrechts, also die Verneinung der Strafbarkeit von Dritten ausgehend vom § 32 StGB. Dazu vgl. Mayr, 1992: 32 f., der auch auf die Weiterentwicklung dieser These von Dreher/Tröndle verweist.
[181] Mayr, 1992: 32.
[182] Welzel, 1969: 74.
[183] Puppe, 1981: 19; ihr folgend Rath, 1993: 80.
[184] Puppe, 1981: 18 f.

1.312 Zweite Fallkonstellation: Verletzung eines anderen Angreifers

Hier sind zwei Hypothesen zu differenzieren. Wenn der Täter weiß, dass er von dem Opfer auch angegriffen wird, dann ist die Strafbarkeit des Täters aus verschiedenen Gründen im Allgemeinen verneint. Bei der Mindermeinung handelt es sich lediglich um die Bejahung der Gleichartigkeit beider Objekten[185], oder um die Anerkennung des Bestehens gleicher rechtfertigenden Eigenschaften in beiden Objekten[186].
Die herrschende Lehre muss wieder einen gerechtfertigten Versuch gegen den gezielten Angreifer anerkennen und sich mit der möglichen Rechtfertigung der tatsächlichen Verletzung als eine fahrlässige Handlung befriedigen. Hier sollen die gleichen Regeln gelten, die die fahrlässige Ausübung des Notwehrrechts regulieren. So gilt z. B., dass die Tat gerechtfertigt ist, „wenn sie in der gegebenen Situation auch vorsätzlich hätte herbeigeführt werden dürfen."[187] Das schließt die Strafbarkeit in unserem Fall aus[188]. Im Fall von Mittäterschaft (die Situation einer Nebentäterschaft ist auch vorstellbar) ist es auch möglich zu argumentieren, was für einen der Täter als Rechtfertigungsgrund gilt, muss auch für den anderen gelten, wegen der allgemeinen Regeln im Rahmen der Mittäterschaft[189]. Mitsch beruft sich andererseits auf die Tatsache, dass für die Rechtfertigung einer unbewussten Fahrlässigkeit das objektive Moment der Rechtfertigung ausreicht[190].
Anders zu betrachten ist der Fall, in dem der Täter von der Beteiligung des Opfers an der Aggression überhaupt nicht weiß. Der Ansatzpunkt der Mindermeinung würde zur gleichen Argumentation und zur gleichen Lösung führen. Für die herrschende Lehre hängt jedoch die Lösung von der Anerkennung oder Nicht-Anerkennung eines subjektiven Rechtfertigungselements beim Fahrlässigkeitsdelikt ab[191]. Die Verneinung eines subjektiven Tatbestands bei diesem Delikt[192], die Annahme, dass hier auf ein subjektives Rechtfertigungselement zu

---

[185] Welzel, 1969: 74.
[186] Puppe, 1989: 729: „Es ist nicht zu fragen, auf welches Objekt sich die Verteidigung bezogen hat, um dann festzustellen, welche für das Notwehrrecht erheblichen Verhältnisse in bezug auf dieses Objekt vorlagen und ob der Täter diese richtig erkannt hat. Entscheidend sind allein die notwehrrelevanten Tatsachen selbst und ihre Kenntnis durch den Täter." Die Rechtsfigur der aberratio ictus sei allerdings für die Behandlung des Falles „weder erforderlich noch geeignet." (Puppe, 1989: 728)
[187] Roxin, 2006: 1099.
[188] Mit dieser Lösung Beulke, 1988: 647.
[189] So Beulke, 1988: 646.
[190] Mitsch, 1989: 82.
[191] Vgl. Rath, 1993: 81.
[192] Tavares, 2003a: 203 ff.; Stratenwerth/Kuhlen, 2004: 376.

verzichten ist[193], sowie die pauschale Ablehnung eines solchen Elements, d. h. auch im Bereich des Vorsatzdelikts[194], führen zur Rechtfertigung der Handlung. Auch in dem Fall, in dem man dieses Element erfordert[195], wird allerdings die Strafbarkeit verneint, wenn auch nicht wegen der Rechtfertigung. Da der Erfolgsunwert fehlt (der objektive Tatbestand war erlaubt), ist nur ein in der Regel nicht strafbarer fahrlässiger Versuch anzunehmen[196].

1.32 Täterschafts- und Teilnahmelehre

Die Frage, was ein error in persona eines Täters für die anderen Beteiligten bedeutet, soll im Anschluss an die jeweils unterschiedlich regulierenden Prinzipien jeder Art von Strafrechtsbeteiligung beantwortet werden. Zwei allgemeine Orientierungen sind hier anzuerkennen: Einerseits die Meinung, dass ein Irrtum des unmittelbaren Täters die gleiche Konsequenz nach seiner Erheblichkeit oder Unerheblichkeit für die anderen Beteiligten haben soll; andererseits die Meinung, dass ein error in persona des unmittelbaren Täters immer als aberratio ictus für die anderen Beteiligten verstanden werden soll[197].
Drei Fallkonstellationen bringen hier Schwierigkeiten und sollen besprochen werden.

1.321 Erste Fallkonstellation: error in persona des unmittelbaren Täters bei Anstiftung und Beihilfe

Hier sind Fälle zu nennen, in denen der unmittelbare Täter (ohne Einfluss von einem Hintermann) einen error in persona begeht. Das bekannteste Beispiel ist der Fall Rose-Rosahl (GA 7, 322 ff.), nach vielen Jahren wieder belebt (BGHSt 37, 214)[198].

---

[193] Vgl. u. a. Stratenwerth/Kuhlen, 2004: 381; Jescheck/Weigend, 1996 : 532. In diesem Zusammenhang vgl. Beulke, 1988: 647, der noch hinzufügt, dass ein „genereller Verteidigungswille" zum gleichen Ergebnis führen würde.
[194] Das ist die Lösung Zaffaronis (2000: 572 ff.), der ausgehend von einem liberalen und limitierenden Modell strafrechtlicher Zurechnung argumentiert, dass die Strafgewalt nicht eingreifen muss, wenn der Konflikt schon von den Parteien selbst gelöst wurde.
[195] Sei es durch die schlichte Übertragung subjektiver Rechtfertigungselemente, sei es in Form eines „generellen Verteidigungswillens" (grundlegend Niese, 1951: 47), oder in Form der Kenntnis „einer erforderlichen Abwehrhandlung" in einer Notwehrsituation (Roxin, 2006: 1099 f.).
[196] Vgl. Roxin, 2006: 1100; Schönke/Schröder/Lenckner, 2001: 512.
[197] Ähnlich wie hier, aber sich nur auf die Anstiftung beziehend Streng, 1991: 913 f.
[198] Zu diesem Urteil Roxin, 1992: 289 ff.

Die herrschende Meinung erkennt hier für den Teilnehmer nur versuchte Anstiftung[199]. Der error in persona des unmittelbaren Täters sei für ihn nämlich eine aberratio ictus, weil sein Vorsatz sich nur auf das von ihm vorgestellte Objekt bezieht, nicht auf das tatsächlich getroffene. Man bezieht sich immer wieder auf das von Binding erwähnte Argument, dass die andere Lösung den Anstifter jenseits der Grenzen seines Vorsatzes verantwortbar machen würde, falls der unmittelbare Täter sich nach der Tat, wenn er merkt, dass er auf die falsche Person geschossen hat, noch entscheidet, auch auf die vom Anstifter vorgestellte Person zu schießen[200].

Eine kleine Variante erkennt hier statt versuchter Anstiftung, Anstiftung zum Versuch.[201]

Gegen diese Argumentation vertritt mit den beiden genannten gerichtlichen Entscheidungen eine Mindermeinung[202], dass der error in persona auch für den Teilnehmer irrelevant sein sollte, weil: α) die Annahme einer aberratio ictus mit einem unangemessenen „rein mechanistischen Modell der Anstiftung" arbeitet[203]; β) die Figur der aberratio ictus nur für die Fälle gilt, in denen es eine sinnliche Wahrnehmung des Objekts gibt; hier sei angemessener die allgemeine Regel der Zurechnung von Kausalabweichungen zu benutzen[204]; γ) nach § 26 StGB sind Täter und Anstifter gleichzustellen, so dass eine Ungleichbehandlung eine spezifische Legitimation verlangt[205]. Gegen das Bindingsche Argument vertritt Puppe die Meinung, dass hier nur von einer vollendeten Anstiftung die Rede sein sollte, aber dass es irrelevant ist, in Bezug auf welches Objekt[206].

1.322 Zweite Fallkonstellation: error in persona des unmittelbaren Täters bei mittelbarer Täterschaft

Hier wird von der herrschenden Meinung die gleiche Lösung wie in dem vorigen Fall vertreten. Entweder wird angenommen, dass es sich um einen Exzess des unmittelbaren Täters handelt[207] oder der unmittelbare Täter wird wie ein mecha-

---

[199] Roxin, 2003: 167 ff; Müller, 1991: 831; Bemmann, 1993: 398 ff.; Schlehofer, 1992: 317; Toepel, 1997: 254 f.
[200] Binding, 1918: 214, Fn. 9.
[201] Stratenwerth/Kuhlen, 2004: 120. Zur Kritik Bemmann, 1993: 399; Toepel, 1997: 349 f.; Roxin, 2003: 168.
[202] Welzel, 1969: 75, 117.
[203] Puppe, 1981: 6; Streng, 1991: 914.
[204] BGH, 37, 219; Streng, 1991: 914.
[205] Ebd. Gegen diese Auslegung Schlehofer, 1992: 310: „Denn die Akzessorietät ist keine absolute, sondern eine limitierte."
[206] Puppe, 1991: 125. Zu deren Kritik Roxin, 1992: 296 ff.; Toepel, 1997: 346 f.
[207] Roxin, 2003: 71; über diese Problematik s. Schroeder, 1965: 116, 144 ff.

nisches Werkzeug betrachtet, so dass der mittelbare Täter in eine Situation gerät, die genau der typischen Situation von aberratio ictus gleicht[208].

1.323 Dritte Fallkonstellation: wegen error in persona eines Mittäters, ein anderer Mittäter wird verletzt

Hier nimmt die herrschende Meinung unbeachtlichen error in objecto auch für den verletzten Mittäter an[209]. „Entscheidend ist, daß sich das Verhalten des schießenden Mittäters aus seiner Sicht völlig mit der Absprache deckt, auf eventuelle Verfolger zu schießen."[210] Gegen diese Meinung appelliert ein Teil der Lehre auf einen unvorsätzlichen Exzess des Mittäters, für den die Anderen nicht verantwortlich sein sollten[211]. Es handele sich eigentlich um eine „sehr schmerzliche aberratio ictus" für den getroffenen Mittäter[212]. Roxin leitet diesen Schluss von seinem Plankriterium ab: Im Plan des verletzten Mittäters könnte seine eigene Verletzung nicht einbezogen sein[213].

1.33 actio libera in causa

Die erste Frage in diesem Zusammenhang betrifft nicht die Kombination von actio libera in causa und error in persona bzw. aberratio ictus, sondern die Legitimität jener dogmatischen Figur selbst[214]. Der zweifelhafte Charakter ihrer Kompatibilität mit dem Gesetzlichkeits- und mit dem Schuldprinzip in ihrem Standardfall[215] kann nur zu noch gravierenden Schwierigkeiten führen, wenn sie mit einem error in persona des Täters kombiniert würde.

Zu dieser spezifischen Problematik ist es wichtig die actio libera in causa ausgehend von ihren zwei dogmatischen Rechtfertigungsversuchen zu besprechen. Die Befürwortung des Tatbestandsmodells (die Ausführung der Tatbestandsverwirklichung beginnt schon im Moment des Sich-schuldunfähig-Machens)[216] kann zu zwei Ergebnissen führen: einerseits zur Gleichstellung der Situationen von actio libera in causa und mittelbarer Täterschaft[217], was dazu führt, den error in perso-

---

[208] Toepel, 1997: 253.
[209] Streng, 1991: 916; Toepel, 1997: 253 f.
[210] Ebd.
[211] Roxin, 2000: 286; Spendel, 1969: 314 ff.
[212] Roxin, 2003: 80.
[213] Roxin, 2003: 80 f.
[214] Dazu Neumann, 1985: 24 ff.; ders., 1993: 581 ff. Zusammenfassung der Diskussion bei Roxin, 2006: 914 ff.
[215] Zur Analyse dieser Problematik vgl. Neumann, 1993: 590 f.
[216] Vgl. Roxin, 2006: 915 ff.; Puppe, 1980: 347. Zur Kritik dieses Modells s. Neumann, 1985: 25 ff.; 1993: 583 ff.
[217] So Roxin, 2006: 917 f.

na genauso wie bei dieser Fallkonstellation zu behandeln und eine aberratio ictus für den Täter anzuerkennen[218]. Zweitens, auf eine solche (künstliche) Konstruktion zu verzichten[219] und ausgehend von der Anerkennung des Vorsatzes einen unbeachtlichen error in persona vel objecto zu bejahen. Wegen seines Zustandes beherrscht der Täter den Kausalverlauf jedenfalls nicht, auch wenn kein error in persona vorliegt.

Bei dem Ausnahmemodell (die Strafbarkeit ist eine wirkliche Ausnahme der Regel des § 20 StGB)[220] muss man noch fragen, ob die Ausnahme auch in diesem Fall gelten sollte. Die Antwort auf diese Frage wird auf der Rechtfertigung einer Ausnahme im Standardfall beruhen. Wenn man sich auf Rechtsgefühle oder kriminalpolitische Überlegungen beruft, wäre kaum noch ein Grund für die Strafbarkeit hier zu finden. Andererseits, da der Strafgrund auf der „Vorsatzfassung im defektfreien Zustand"[221] basiert und der Vorsatz im Moment der Tat auch zu bejahen ist, gäbe es im Prinzip keinen erneuten Grund, um die Beachtlichkeit der Verwechslung des Objekts anzunehmen.

Wichtiger bei dieser Kombination von Problemen ist es, die Grenzen dogmatischer Konstruktionen und systematischer Entscheidungen infrage zu stellen. Ob eine Strafbarkeit in Schuldunfähigkeitszustand, die im „normalen" Fall schon hoch diskutabel ist, noch bejaht werden sollte, wenn der Täter sein Ziel verfehlt, ist eine Frage, die diese systematischen Überzeugungen erschüttert und die rein dogmatische Diskussion weit transzendiert.

---

[218] Vgl. u. a. Schroeder, 2003: § 16, Rn. 15.
[219] Zu derer Kritik vgl. Neumann, 1993: 585; Puppe, 1980: 349.
[220] Grundlegend Hruschka, 1968: 559; vgl. weiter Neumann, 1985: 41 ff.; ders., 1993: 589 ff.
[221] Hruschka, 1968: 558. Zur Anwendung des Vorsatzbegriffs in diesem Zusammenhang im nicht-technischen Sinne s. Neumann, 1993: 592 f.

2. Der Hintergrund. Miszellen von strafrechtlichen Themen

Das vorherige Kapitel hatte als Ziel, den dogmatischen Aufbau der Problematik der aberratio ictus darzustellen. Gemäß dieser Darstellung wurden hier die entgegengehaltenen Argumente für ihre Unbeachtlichkeit bzw. Beachtlichkeit besprochen. Bei dem vorliegenden kurzen Kapitel handelt es sich um die Herausstellung der Probleme, die sich aus diesem dogmatischen Gerüst ergeben, und die im Verlauf dieser Untersuchung beleuchtet werden sollen. Es schwankt zwischen der Abhängigkeit und der Unabhängigkeit – in dem Maße, in dem verschiedene Abschnitte derselben Untersuchung unabhängig sein können – von dem ersten Kapitel. Es stellt aber keine Bilanz dar; es gibt eigentlich bis hier kein Ergebnis. Hier wird der Weg beschrieben, an dem sich diese Arbeit orientieren wird. Überspitzt (aber nicht unfair) formuliert: Erst jetzt kommen wir zu dem eigentlichen Thema dieser Untersuchung.

2.1 Implikationen. Strafe, Moral, Legitimation

Die Beachtlichkeit oder Unbeachtlichkeit der aberratio ictus hat die Erhöhung oder Verminderung der Strafe zur Konsequenz. Dies wird von der Literatur entweder als sekundär oder gar nicht betrachtet. Die systematische Frage steht im Vordergrund. Die eigentliche Frage, der Hintergrund der Diskussion, ist allerdings, ob ein Mensch schwerer oder geringer bestraft wird. Sie führt also die Diskussion zurück auf die Frage nach dem Verhältnis zwischen der staatlichen Strafe und der Verbrechenssystematik. Diese Systematik muss auf ihre Konsequenz, die Strafe, bezogen werden[222].

Die Diskussion um den Zweck der staatlichen Strafe ist selbstverständlich jenseits des Anspruchs dieser Untersuchung. Wir setzen voraus, dass eine legitimierende Straftheorie ihren moralischen Legitimationsanspruch enthält[223], unabhängig davon, ob er im Rahmen einer konsequenzialistischen oder einer deontologischen Strafrechtfertigung erhoben wird[224]. Nur, dass eine konsequenzialistische

---

[222] Mit Recht macht Moccia (1995: 46) darauf aufmerksam, dass die beanspruchte Garantiefunktion des Strafrechtsystems selbst „eine direkte Folge des Einsatzes der Kriminalstrafe als Instrument staatlichen Eingriffes darstellt."

[223] Näher zur Verbindung zwischen Straflegitimation und Moraltheorie s. Neumann, 2000: 125 f. Gegen diese Verbindung, weil Moralphilosophie eine Frage von Glauben, nicht von Wissen sei, und deswegen nicht „wissenschaftlich" anwendbar, siehe Hilgendorf, 1996: 397 ff., insb. 415.

[224] Diesen moralischen Legitimationsanspruch beinhaltet der Begriff der Strafe selbst, insofern die Missbilligung der Tat neben der Übelzufügung als eines von ihren Elementen anerkannt wird. Vgl. dazu v. Bar, 1869: 2 ff.; Merkel, 1899: 175 ff.; Noll, 1962: 3; Gallas, 1968: 4 ff.; Neumann/Schroth, 1980: 6 ff.; Jescheck/Weigend, 1996: 65; Kühl, 2005: 154 ff.; Schüne-

Straftheorie noch eine zweite Komponente hinzufügt, und ebenso ein moralisches Erfordernis: nämlich, dass der Zweck der Strafe durch diese realisiert oder realisierbar sei[225]. Dies eröffnet die Möglichkeit einer moralischen Kritik der Strafe[226] und schließt natürlich nicht aus, dass, gerade wegen des Mangels an dieser moralischen Legitimation, keine Straftheorie imstande ist, die Strafe zu legitimieren. Eine Moraltheorie kann der Kritik des Rechts dienen, hat indes keinesfalls die Funktion, eine bestehende Rechtsordnung zu rechtfertigen[227].

2.2 Wege. Legitimation, Gerechtigkeit, Zurechnung

Aus diesem moralischen Verlangen ist die Konsequenz zu ziehen, dass die Argumentation um die Voraussetzungen der (höheren oder geringeren) Strafe, wie ihre praktische Applikation, ein Moment von Gerechtigkeit enthalten muss[228],

---

mann, 1998: 112 f.; v. Hirsch/Hörnle, 1998: 86 ff.; v. Hirsch, 1998: 102; v. Hirsch, 2005: 41 ff.; Neumann, 2005: 98.
[225] Dies wird normalerweise von diesen Theorien vorausgesetzt und überhaupt nicht in Frage gestellt. Exemplarisch in Bezug auf Jakobs s. dazu Fabricius, 1998: 44 f.
[226] Obwohl uns eine radikale Trennung zwischen beiden Begriffen unakzeptabel erscheint (in diesem Sinne vgl. z. B. Wąsek, 1987:299), impliziert dieses kritische Potential der Moral nicht, dass das Recht als moralisches System zu verstehen sei, sondern dass es Gegenstand von moralischer Bewertung ist. Vgl. dazu Wąsek, 1987: 299; Geiger, 1979: 202 f., der eine moralische Kritik des Rechts jedenfalls nur als „Triebfeder" einer politischen Stellungnahme versteht. Zur Erforderlichkeit der Anpassung der Rechtsordnung zu elementaren Moralregeln s. Podlech, 1972: 129; auch in diesem Sinne behauptet Geddert (1984: 239), dass „ich nicht verpflichtet sein kann, eine Ordnung als positives Recht anzuerkennen, die keinen Wert hat." Das hängt mit der Befolgungspflicht von für unrichtig gehaltenen Normen wegen des wertvollen Charakters der ganzen Rechtsordnung zusammen: vgl. Geddert, 1984: 238.
[227] Dazu Podlech, 1972: 144. Die Schwierigkeit des Rechtswissenschaftlers und insb. des Strafrechtlers mit der Anerkennung einer positiven Funktion der moralischen Beurteilung in diesem Verhältnis (vgl. Arendt, 2006: 20: „Dabei ist, wie ich meine, wohl bekannt, daß es kaum einen Berufsstand gibt, in dem Sie Menschen finden, die moralischen Normen, ja selbst der Norm der Gerechtigkeit, mit soviel Vorsicht und Mißtrauen begegnen, wie den Juristen.") besteht aus einer Verknüpfung von Moraltheorie und repressiver Rechtsmoralisierung, nicht selten mit einer autoritären Ausübung der politischen Macht verbunden (Wąsek, 1987: 290, 303). Deswegen identifiziert man üblicherweise Liberalisierung und Entmoralisierung des Strafrechts (Neumann, 1991: 248). Hier ist es erforderlich, zwischen Moral und Moralismus („eine moralistische Moral") zu differenzieren: Eine Moraltheorie soll das Bestehende infrage stellen, nicht es affirmativ annehmen oder bestätigen. Dazu Adorno, 1996: 22.
[228] Vgl. Neumann, 2000: 124: „Die Forderung nach einer gerechten Bestrafung ist also (...) ein Bestandteil der Institution der Strafe selbst." Wir könnten jene Konsequenz umsonst aus dem allgemeinen Anspruch auf Richtigkeit der juristischen Argumentation ziehen (dazu Alexy, 1992: 264 ff.; Dreier, 1991: 62). Dieser Anspruch besagt, dass es „in juristischen Diskursen ebenso wie in allgemeinen praktischen Diskursen nicht zulässig [ist], etwas zu behaupten und dann ohne Angabe von Gründen eine Begründung zu verweigern" (Alexy, 1991: 265), was somit impliziert, dass eine normative Aussage „im Rahmen der geltenden Rechtsordnung ver-

dessen primäre Funktion die Selbstkritik dieser Argumentation ist[229]. Jeder strafrechtliche Diskurs beansprucht, eine gerechte Lösung hervorzubringen[230]. Dies kann dem Theoretiker mehr oder weniger bewusst sein, ist aber das Ziel jedes Zurechnungsprozesses. Auch wenn man auf ein Verständnis von Gerechtigkeit verzichtet, in dem sie der Rechtsordnung vorgeordnet gesetzt wird (sozusagen eine „fundierende" Funktion leistend)[231], und versucht, den Gerechtigkeitsbegriff als ein Kriterium der Gerechtigkeit einer „konkreten historischen Rechtsordnung"[232] festzulegen, ist dies überhaupt nur sinnvoll, wenn zugleich unterstellt wird, dass von der Rechtsordnung erwartet wird, sie sei gerecht[233]. Andererseits ist ein gerechter Zurechnungsprozess – wenn überhaupt – nur ausgehend von einer wertbezogenen und angemessenen (vernünftigen) Argumentation denkbar[234].

---

nünftig begründet werden kann" (Alexy, 1992: 272). Dies führt nicht unbedingt zur Annahme der sogenannten Sonderfallthese des juristischen gegenüber dem praktischen Diskurs, aber setzt jedenfalls die Möglichkeit einer vernünftigen Argumentation qua rationale (d.h. auf Diskusregeln bezogene) Begründung voraus. Das kann aber hier nicht so allgemein vorausgesetzt werden, sondern steht gerade zur Diskussion. Anderseits soll hier betont werden, dass schon der moralische Inhalt des Strafbegriffs Implikationen innerhalb der dogmatischen Argumentation hat.

[229] Mit Recht betont Neumann (1980: 78) den Vorrang dieser kritischen Funktion des Gerechtigkeitsbegriffs.

[230] Wie schon erwähnt, wird dies nicht bezüglich einer bestimmten Straftheorie anerkannt, sondern basiert auf ihrer erforderlichen moralischen Legitimation. Im Rahmen einer deontologischen Straftheorie ist das selbstverständlich, nicht aber im Rahmen einer rein konsequenzialistisch gedachten Strafe, die nur Effizienz bezweckt. Ein solches Modell halten wir jedoch schon im Voraus, weil unkompatibel mit dem Rechtsstaat, für illegitim. Zu einer generalpräventiven Grundlegung eines gerechten Zurechnungsprozesses vgl. anderseits Neumann, 1985: 272 ff.

[231] Kempski, 1992: 145 ff.

[232] Ebd, 146.

[233] Darüber hinaus bestätigt dies nur den primär kritischen Charakter des Begriffs. Nach Alexy würde das Gegenteil zu einem performativen Widerspruch führen (Alexy, 1992: 266, wo von einer Fehlerhaftigkeit „in einem nicht nur moralisch relevanten Sinne" gesprochen wird; zu dieser Nomenklatur in einem anderen Beitrag s. Dreier, 1991: 62). Mindestens von seinem Beispiel her ist das zweifelhaft. Der Satz, jemand wird zu zehn Jahren verurteilt, aber es bestehen dafür keine guten Gründe, ist nur aus einer bestimmten moralischen Perspektive widersprüchlich. Zur Kritik an der Anwendung dieses Ausdrucks im ähnlichen Sinne bei Habermas und Apel s. Tugendhat, 1993: 166 f.

[234] In diesem Sinne ist die These zu befürworten, dass „die Theorie der Gerechtigkeit (...) in eine Theorie der Argumentation [mündet]." Vgl. Neumann (1980: 80) im Anschluss an Tammelos. Zur Legitimation von Rechtsentscheidungen durch rationale Begründung s. weiter Neumann, 1980a: 222. Dies schließt wiederum die Möglichkeit nicht aus, dass jeder Zurechnungsprozess wegen der Unvermittelbarkeit einer angemessenen Argumentation (d. h.: wegen Mangel an Rationalität) ungerecht sei. Aber auch diese Feststellung hängt von der Strukturierung einer Argumentation ab.

In diesem Zusammenhang stellt sich natürlich die Frage nach dem Maßstab, der dazu führt, dass bestimmte Zurechnungsregeln als gerecht gelten sollen. Deutlicher gesagt: welcher Parameter von Gerechtigkeit brauchbar ist. Die Antwort auf diese Frage steht aber nicht außer- sondern innerhalb dieses Argumentationsprozess selbst. Es besteht allerdings keine andere Möglichkeit, als an gesellschaftliche Vorstellungen von Gerechtigkeit[235], die einer weiteren normativen Kontrolle unterzogen werden sollen[236], anzuknüpfen[237]. Diese Vorstellungen entsprechen einem kritischen Maßstab zur Analyse der Rechtsdogmatik; wie Neumann betont[238], kann diese wegen ihres hohen Abstraktionsniveaus und ihrer Technisierung nicht als Übersetzung sozialer Wertungen verstanden werden. Der Gebrauch dieses Maßstabs soll sich deswegen an den externen Grenzen der dogmatischen Stellungnahmen und deren Konsequenzen orientieren, *kann* aber nicht detailliert dogmatische Figuren bewerten. Kurz: Er dient der Problematisierung, aber löst an sich kein dogmatisches Problem.

Wie die moralische Illegitimität der Strafe nicht im Voraus ausgeschlossen werden kann, kann es genauso nicht ausgeschlossen werden, dass der strafrechtliche Diskurs möglicherweise nicht in der Lage sei, Gerechtigkeit zu schaffen[239]. Thema dieser Arbeit ist nachzuprüfen, ob dies im Bereich der Vorsatzzurechnung zu bejahen oder zu verneinen ist. Und vor allem: wie man mit der Antwort auf diese Frage umgehen soll.

Andererseits sind auch von der Verbrechenssystematik Konsequenzen bezüglich der Straftheorie zu ziehen. Eine misslungene Verbrechenssystematik, die die Ge-

---

[235] Dazu (spezifisch an die strafrechtliche Schuld orientiert) Neumann, 1998: 391 f., 396.
[236] Neumann, 1998: 405.
[237] Dies hängt mit dem uneinheitlichen, pluralistischen Charakter der Moral zusammen (dazu Wąsek, 1987: 289; Dreier, 1981: 380) und mit der sich daraus ergebenden fundamentalen Frage nach dem Verhältnis zwischen einzelnem Individuum und Allgemeinem in der Moraltheorie. Dazu Adorno, 1996: 23.
[238] Neumann, 1979: 70.
[239] Und das muss nicht nur an der Tatsache liegen, dass die Rechtsdogmatik nicht genug ausdifferenziert sei, sondern möglicherweise daran, dass sie dafür strukturell unfähig ist. Deswegen scheint uns die Behauptung Hassemers (1974: 21, Fn. 29; übereinstimmend Neumann, 1979: 70), dass „nur eine nicht genügend ausdifferenzierte Dogmatik zu ‚ungerechten' Ergebnissen zwingt", tendenziell unrichtig, insofern sie die Möglichkeit einer strukturellen Unfähigkeit der Rechtsdogmatik zur genügenden Ausdifferenzierung bei lokalisierten Problemen vernachlässigt. Dies besagt andererseits nicht, dass die Konkordanz zwischen rechtlicher und sozialer Wertung (Neumann, 1979: 70) nicht zu der Konsequenz einer gerechten dogmatischen Entscheidung führen würde; sonst könnte von dem Gebrauch gesellschaftlicher Gerechtigkeitsvorstellungen als kritischem Maßstab des Zurechnungsprozesses gar nicht die Rede sein.

rechtigkeitsbedürfnisse nicht erfüllt, beeinflusst auch die Legitimation der nach dieser Systematik zu bestimmenden Strafzufügung[240].

Die Frage, worum es hier eigentlich geht, lautet also: Ist das dogmatische Argumentieren um die aberratio ictus in der Lage, eine gerechte Lösung hervorzubringen? Und darüber hinaus: Führt dieses Argumentieren zu einem gerechten Zurechnungsprozess? Um diese Fragen zu beantworten, ist es erforderlich, nachzuprüfen, ob einerseits die dogmatischen Argumente interne Kohärenz haben und ohne Widersprüche zur gesamten Vorsatzzurechnung verallgemeinert werden können; andererseits, ob sie sich normativ, in Bezug auf ihre Konsequenzen, sich legitimieren können. Dies wird im folgenden Kapitel ausgeführt.

---

[240] Diese wechselseitige Implikation geht schon vom Begriff des Verbrechens und der Strafe aus. Dazu Gallas (1968: 2), der zugleich auf einen Zirkelschlusscharakter beider Begriffe hindeutet.

3. Die Fäden: Verallgemeinerung und Kritik der Argumente erster Stufe zur Problematik der Vorsatzzurechnung

Die verschiedenen Argumente, die bis jetzt dargestellt wurden, beziehen sich auf die Voraussetzungen der Vorsatzzurechnung, beruhen aber auf unterschiedlichen Bestimmungen des Vorsatzbegriffs und hängen von der Kohärenz dieser Bestimmungen ab. Deswegen scheint es konsequent, diesen Begriff zunächst zu analysieren, um sich erst danach mit der Problematik der Zurechnung von Ergebnissen zum Vorsatz zu beschäftigen.

3.1 Im Kern: Begriffsbildung des Vorsatzes

Eine ausführliche Untersuchung des Vorsatzbegriffs steht allerdings jenseits der Ziele dieser Arbeit. Hier sollen fragmentarisch einige Aspekte besprochen werden, mit dem einzigen Ziel, die Plausibilität der Argumentation um die aberratio ictus zu überprüfen.

Gemäß diesem Gedanken lauten die Fragen, die für unsere Problematik von Interesse sind: ob der Vorsatz vorrangig als ein beschreibender oder ein zuschreibender Begriff zu verstehen ist (3.11), was wichtige Implikationen zur Diskussion über die beiden andere Fragen hat; ob der Vorsatz nur ein kognitives oder auch ein voluntatives Moment enthält (3.12); schließlich, wie ist die Gegenstandsindividualisierung von der Vorstellung des Täters zu verstehen und welche Rolle spielt diese Individualisierung in der Vorsatzdefinition (3.13).

Dem Interesse dieser Fragen für unsere Problematik ist nicht der Anspruch abzuleiten, sie definitiv zu beantworten. Mindestens in Bezug auf die letzten beiden Fragen. Im Gegenteil: Als Überprüfung von Argumenten, und nicht als Konstruktion einer dogmatischen Kategorie, handelt es sich hier vielmehr darum, Grenzen festzulegen, d. h. das Akzeptable von dem absolut Unakzeptablen zu scheiden. Und konsequenterweise die Zerbrechlichkeit einiger Überzeugungen der Strafrechtslehre aufzuzeigen, denen es an jeder sicherer Basis fehlt.

3.11 Zwischen Ontologie und Normativismus

Als Rechtsbegriff spielt der Vorsatz die Rolle eines Verbindungselements zwischen den Voraussetzungen und den Folgen seiner Anwendbarkeit[241]; von der

---

[241] Lübbe-Wolff, 1981: 41 ff. Damit wird weder eine formalistische noch eine instrumentalistische (im Sinne von einem „social engineering") Auffassung vertreten (dazu Weiberger, 1987: 126 ff.). Der Formalismus wird ausgehend von dem Verlangen nach der Berücksichtigung der wichtigen Konsequenzen einer Annahme der Vorsatzvoraussetzungen und ihrer Beziehung zu dem moralischen Problem der staatlichen Strafe ausgeschlossen; die Einbeziehung

Funktion dieser beiden Momente ist seine Bedeutung herzuleiten[242]. Seine Folge ist selbstverständlich die (Standard-) Bestrafung für ein Verbrechen, und dies, mit den wichtigen Implikationen, die wir oben in 2.1 besprochen haben. Die Frage nach den Voraussetzungen seiner Anerkennung ist umstritten. Gesetzlich kann man auf die Tatsache hinweisen, dass § 16 den Vorsatz ausschließt, wenn die Kenntnis von Umständen des Tatbestandes fehlt. So ist mindestens die Kenntnis dieser Umstände Voraussetzung der Vorsatzbejahung. Die Funktion des Vorsatzes wird auch schon wörtlich von § 15 StGB definiert. Er bestimmt die Grenzen der Strafbarkeit[243].

Auf der anderen Seite verlangt die strafrechtliche Literatur vorwiegend noch ein weiteres Element zur Konstitution des Vorsatzbegriffs, nämlich den Willen des Täters[244]. Wenn man behauptet, dass dieses Element zum Wesen des Vorsatzes gehört – was schematisch von der Lehre der sachlogischen Strukturen repräsentiert wird[245] – setzt man voraus, dass der Vorsatz als eine ontologische Entität zu begreifen ist. Nach dieser Auffassung hängt der Wille jedenfalls mit dem ontologischen Wesen der Handlung zusammen und kann deswegen nicht ohne weiteres beiseite gelassen werden: „Wenn wir nun im folgenden unvoreingenommen die Struktur der Handlung betrachten wollen, um die Gesetzlichkeit ihres Ablaufs festzustellen, müssen wir auch das Wesen der in ihr vorausgesetzten Akte des Wollens und Erkennens untersuchen."[246]. Dieser Gedanke verbindet sich bei Welzel mit einem naturrechtlichen Zug[247], der sich als eine „Gruppe von Grenzlinien" gegen die Willkürlichkeit des Gesetzgebers richtet: „Unzweifelhaft folgt aus der Kontingenz der Wertinhalte und aus der Notwendigkeit der Daseinssicherung, daß alles Recht eine *wirkliche, positive* Ordnung sein muß. Aber das bedeutet keineswegs zugleich, daß diese *wirkliche* Ordnung jeden *beliebigen* Inhalt haben kann."[248] In diesem Sinne hat die Lehre der sachlogischen Strukturen eine kritische Potenz, die nicht vernachlässigt werden kann[249].

---

von Gerechtigkeitsbedürfnissen im Prozess des Aufbaus der Vorsatzzurechnung vermeidet eine rein instrumentalistische Konzeption. Dazu oben 2.2.

[242] Lübbe-Wolff, 1981: 46.
[243] S. statt vielen Schroth, 1994: 5 f.
[244] Vgl. statt allem Roxin, 2006: 437.
[245] Grundlegend Welzel, 1975: 7ff., bes. 9 f.; ders., 1975a: 345 ff.; ders., 1975b: 283 f. Dazu vgl. weiter Gössel, 1995: 317 ff.; Cerezo Mir, 2001: 39 ff.; Hassemer, 2004: 63 ff.
[246] Welzel, 1975: 11 f; vgl. auch ders., 1975a: 349 f.
[247] Obwohl Welzel einen Unterschied zwischen Naturrecht und sachlogischen Strukturen sehen wollte und die Möglichkeit der Existenz des Naturrechts nie akzeptierte, scheint diese Unterscheidung in Bezug auf die Limitierungsfunktion von beiden nicht gerechtfertigt. Zutreffend Hassemer, 2004: 68 f.
[248] Welzel, 1975b: 283. Hervorhebung im Original.
[249] Neumann, 1998: 393; Gössel, 1995: 330; Tavares, 2000: 204; Zaffaroni, 2000: 89 ff., 369 ff. Dies hätte schon historische Gründe: Nach Hassemer (2004: 64) verknüpft sich die Verteidigung der Kategorien der sachlogischen Strukturen als Richtigkeitskriterium des Rechts mit

Andererseits weist die psychologische Basis, auf der die Begriffsdefinition normalerweise aufbaut[250], auf diesen ontologischen Charakter hin, so dass der Weg eines normativen Umbaus des Vorsatzes versperrt wird. Bevor wir die spezifische Frage nach dem Vorliegen eines Willenselements im Vorsatzbegriff untersuchen, müssen wir das Problem der Beziehung zwischen Ontologie und Normativismus bei der Vorsatzbegriffsbildung beleuchten.

Eine Ontologisierung der Rechtsbegriffe erscheint in der Regel schon auf der syntaktischen Ebene: Das Recht ist eine „im Indikativ formulierte normative Ordnung."[251] Was Handlungsanweisung ist, wird als Erkenntnis präsentiert[252]. So auch mit dem Vorsatzbegriff: „Wer bei Begehung der Tat einen Umstand nicht kennt, der zum gesetzlichen Tatbestand gehört, *handelt* nicht vorsätzlich." (§ 15 StGB, Hervorhebung von uns). Diese Sprache wird auf die Argumentationssprache der Rechtsdogmatik, die trotz ihrem metasprachlichen Charakter auch normative Implikationen hat[253], verlegt. Somit zeigt sich auch der ideologischen Charakter der Rechtssprache. Nämlich, dass Behauptungen, die eine Dezision enthalten, als Beschreibung dargestellt werden[254]. Angewandt auf den Bereich der subjektiven Zurechnung könnte man dies so übersetzen: Indem man auf dem Wesen des Vorsatzes beharrt, verzichtet man auf die unangenehme Frage, ob das, was angenommen wird, gerecht ist oder Gerechtigkeit schafft[255].

Die komplexe Frage, die sich aus diesen Umständen ergibt, gehört nicht in diese Arbeit. Sie lautet: Ist es überhaupt möglich, juristisch zu argumentieren ohne Begriffsontologisierung?[256] Sie ist wahrscheinlich mit Nein zu beantworten, mit

---

einer Reaktion in der Nachkriegszeit zugleich gegen das ungeheuerliche Unrecht im Recht des Nationalsozialismus (der Anschluss an Radbruchs berühmten Aufsatz ist selbstverständlich unvermeidbar) und gegen den Rechtspositivismus. Im gleichen Sinne Zaffaroni, 2003: XXI.

[250] Auch in tendenziell normativistischen Auffassungen: vgl. z. B. Jakobs, 1993 : 312 ff.
[251] Neumann, 1979: 39.
[252] Ebd.; auch Neumann, 1977: 122 f. Zur Kritik eines rein syntaktischen Verständnisses der Rechtssprache, sowie zu ihrer pragmatischen Dimension s. Rodigen, 1972: 171, 177 ff.
[253] Zusammengefasst bei Neumann, 1979: 43: „Aus der Akzeptanz des dogmatischen Satzes ergeben sich die gleichen Handlungsanweisungen wie aus der Anerkennung der Geltung einer entsprechenden gesetzlichen Bestimmung. Insofern teilen die dogmatischen Sätze den normativen Charakter der Sätze der Rechtssprache."
[254] Dazu Neumann, 1979: 45 f.
[255] Deswegen ist die Behauptung Hassemers (1992: 71) über die Beziehung zwischen Recht und Sprache – „wo die Sprache endet, beginnt die Gewalt" – zwar richtig, aber einseitig. Die Gewalt liegt auch und insbesondere *in* der Sprache, wird *durch* die Sprache vermittelt. Dass Sprache Träger der Gewalt und zugleich die Möglichkeit der Kritik dieser Gewalt einbezieht, und also zum Instrument gegen sie wird, weist nicht nur die Komplexität jener Beziehung auf, sondern hängt mit dem universal vermittelnden Charakter der Sprache selbst zusammen. Dazu Gadamer, 1990: 392 ff.; 1986: 188, 245.
[256] Um diese Frage dreht sich die mehrmals zitierte grundlegende Untersuchung von Neumann, 1979.

allen den Legitimationskonsequenzen, die diese Antwort impliziert[257]. In Bezug auf das, worum es hier geht, braucht sie jedoch nicht in ihrer ganzen Tragweite besprochen zu werden. Unsere Frage lautet vielmehr: Wie verhält sich der Anspruch eines gerechten Aufbaus des Deliktsystems zu einem ontologischen Verständnis des Vorsatzes?[258] Man könnte einwenden, diese Frage setzt schon einen normativen Blickwinkel voraus. Anders kann es aber bei der Argumentation über eine normative Ordnung nicht sein.

Eine Schwierigkeit bereitet schon die Tatsache, dass der Vorsatz nicht nur ein fachspezifischer, sondern auch ein alltagssprachlicher Begriff ist[259]. Wenn man den Zurechnungsprozess im Anschluss an soziale Gerechtigkeitsvorstellungen betrachten will, gewinnt dies natürlich an Bedeutung. Es soll hier also die Frage gestellt werden, ob das Verständnis des Vorsatzes in der Alltagssprache das rechtliche Vorsatzverständnis beeinflusst oder sogar bestimmt. Diese Frage ist mit Ja und Nein zu beantworten.

Angenommen, dass es ohne Alltagssprache keine Fachsprache gibt, sondern dass diese vielmehr eine modifizierte Fassung jener ist[260], steht außer Zweifel, dass hier von Einfluss, wegen der Modifikation aber nicht von Bestimmung die Rede sein kann. Unser Problem wandelt sich dann um; wir müssen nämlich nach dem Ausmaß dieses Einflusses fragen. Dann kommen wir zurück zu dem Problem der wechselseitigen sprachlichen Vermittlung von sozialen Wertungen und juristischen Handlungsanweisungen[261]. Einerseits sei eine Fachsprache unverzichtbar, weil nur durch sie „bestimmte Deutungsschemata und deren strukturelle Zusammenhänge formuliert werden können"[262]; andererseits wird die Kontrolle juristischer Formulierungen durch soziale Gerechtigkeitsvorstellungen nur sprach-

---

[257] Vgl. Rodigen, 1972, 58: „Aussagen ohne Objektbezug wie die Rechtsdogmatik oder die rationalistische Philosophie werden zur Ontologie. Denn mangels materiellen Lagebezugs wird ihnen eine künstliche Lage zugestellt, die dann Bedeutung, Sein oder Wesen heißt. Die Beziehung der künstlichen Lage zur Aussage wird dann Wahrheit/Falschheit oder Geltung/Nichtgeltung genannt. Darin liegt die ganze Metaphysik unserer Wissenschaft."
[258] Vgl. Neumann, 1977: 123: „ob eine ontologisierende Redeweise in der juristischen Dogmatik zuzulassen ist oder nicht, hängt allein von den Aufgaben dieser Dogmatik ab."
[259] Zu den Begriffen von Fachsprache und Umgangssprache (hier Alltagssprache) s. Neumann (1992: 110 ff., insbes. 117), der, ausgehend von der Annahme, ein Begriff sei der Fachsprache zuzuordnen, wenn seine Bedeutung auch vom juristischen Regelwissen bestimmt wird, behauptet, dass „alle Begriffe in Gesetzen und gesetzeskonkretisierenden Regeln der Rechtsdogmatik (...) Begriffe der juristischen Fachsprache [seien]." Bloße Feststellung dieser Unterscheidung bei Hassemer, 1992: 86. Zur juristischen Fachsprache und Umsetzungsschwierigkeiten in andere (Fach- oder nicht) Sprache, s. Fabricius, 1998: 19 f.
[260] Vgl. Neumann, 1979: 49.
[261] Zur Relevanz der Sprache als „Indikator sozialer Wahrnehmungsstrukturen" in Konstruktion der Strafrechtdogmatik, „weil sich in ihr eine vorrechtliche soziale Distribution von Verantwortlichkeit spiegelt" vgl. Neumann, 2000: 125.
[262] Neumann, 1979: 61; ders., 1992: 119.

lich materialisierbar[263], und das heißt: Die Technisierung kann nicht in so hohem Maße bestehen, dass diese Kontrolle unmöglich gemacht wird. Eine rein künstliche Sprache erlaubt alles. Ein fachsprachlicher Begriff muss also beides beinhalten: Die Last von Elementen, die ihn in der Alltagsprache prägen und die von den juristischen Bedürfnissen zur Leistung ihrer spezifischen Aufgabe geprägten Elemente. Die Verknüpfung von alltagssprachlichen Elementen und ontologisierender Konzeption von Rechtsbegriffen liegt nahe; andererseits nähert sich das Ideal einer reinen Fachsprache einer normativierenden Auffassung an. Somit kreuzen sich die Wege einer sozusagen materiellen und einer sprachlichen Betrachtungsweise des Problems.

Kurz zusammengefasst: deskriptive Begriffsimportierung von der Alltagsprache führt zu einer naturalistischen Begriffsbildung[264]; reine normativistische Begriffskreation führt zu Unsicherheit und vermeidet jede Kontrollinstanz der Rechtsdogmatik[265].

Daraus einige Konsequenzen.

Zunächst, dass der Vorsatz kein mentaler Zustand, sondern ein Zurechnungstitel[266] (Zurechnungskriterium[267]) ist. Dies bedeutet nicht, dass er nicht im Anschluss an mentale Zustände begriffen werden soll; sondern nur, dass dies sich nur rechtfertigt, wenn sie eine angemessenere Vermittlung von sozialer Wirklichkeit und rechtlicher Wertung ermöglicht. Dieser Meinung entspricht ein antiideologischer Anspruch. Nichts im Bereich der Vorsatzdefinition darf gerechtfertigt sein, dass es einfach so *ist*[268]. Was übrigens nicht mehr als ein petitio principii in der Rechtfertigung von Zurechnungskategorien ist.

Als Zurechnungstitel soll der Vorsatz in Bezug auf seine Funktion im Strafrechtssystem verstanden werden. D. h.: Er dient der Lösung eines praktischen Problems[269], nämlich, wann eine Person wegen eines bestimmten Verbrechens in einem bestimmten Strafrahmen bestraft werden soll[270]. Besser formuliert: Wann eine Person wegen eines bestimmten Verbrechens *nicht* bestraft werden darf. Die

---

[263] Zu diesem Zusammenhang Hassemer, 1992: 71.
[264] Zu deren Kritik Neumann, 2000: 120.
[265] Ähnlich Neumann, 2000: 122.
[266] So Tavares, 2003: 333.
[267] So Toepel, 1996: 887 f.
[268] Demgegenüber, dass die von der Wirklichkeit vorgegebenen Sachverhalte in Rechtsbegriffen beachtet werden *müssen*, außer den schon zitierten Arbeiten von Welzel, Gössel, 1995: 329. Ähnliche Auffassung im Anschluss an Welzel vertritt Weinberger (1987a: 135 f.), wenn er behauptet, dass Recht sich an sachlogischen Strukturen orientieren muss, um den Rahmen der Rechtssetzung zu bestimmen; er betont aber andererseits, diese sollen nicht als „Richtigkeitsbestimmung des Rechts im naturrechtlichen Sinne" verstanden werden.
[269] Vgl. Neumann, 1986: 51: „Rechtsdogmatische Begriffe und rechtsdogmatische Sätze stehen für Antworten auf bestimmte praktische Fragen – auf Fragen, wie bei bestimmten Sachverhaltskonstellationen entschieden werden soll."
[270] Vgl. Neumann, 2000: 121.

Grenzen dieser Funktionalität bestehen in den Zielen ihrer Funktion, mit anderen Worten: Sie muss Instrument gerechter Zurechnung sein; sie muss in der Lage sein, gerechte Zurechnung zu ermöglichen. Das bedeutet nicht: Sie dient gerechter Zurechnung, sondern: sie hat nur einen Sinn, wenn sie gerechte Zurechnung ermöglicht. Darüber hinaus: „Normativ" darf nicht als magisches Wort gebraucht werden, das jede theoretische Behauptung erlaubt und rechtfertigt[271]. Damit wäre die kritische Potenz nicht nur der Sprachreflexion[272] sondern auch des Gedankens der sachlogischen Strukturen[273] total annulliert.
So viel zu dieser Problematik. Es handelt sich jetzt darum, im Spiegel dieser Konklusionen eine Analyse der Diskussion um die Vorsatzelemente zu unternehmen.

3.12 Wille und Vorstellung

Die scharfe Kritik an dem Gebrauch des Willensbegriffs in der Strafrechtsliteratur hat ihren Ursprung in der philosophischen Meinung, dass der Willensakt ein Mythos ist[274]. Diese Meinung wird von Ryle im Anschluss an den „Mythos vom Gespenst in der Maschine"[275] mit folgenden Argumenten prägnant vertreten: α) Es gibt keine mentale separate Instanz von Willensakt und Handlung (niemand kann sich erinnern, dass er etwas einfach gewollt hat)[276] – in Worten Wittgesteins: „Wenn ich meinen Arm hebe, *versuche* ich meistens nicht, ihn zu heben."[277]; β) es ist nicht möglich, den Willensakt eines anderen zu beobachten[278]; γ) es gibt keinen Zusammenhang zwischen Willensakt und körperlicher Bewegung („Wechselbeziehungen zwischen Körper und Geist bedürfen der Mittelglieder, wo es keine Mittelglieder geben kann")[279]; γ) die traditionelle Theorie des Willensaktes ist widersprüchlich: Wenn ein Willensakt andere geistige Ereignisse verursacht, wer verursacht die Willensakte?[280]
Auf die Diskussion über die philosophischen Grundlagen dieser Meinung[281] müssen wir hier verzichten[282].

---

[271] Fabricius, 1998: 106.
[272] Zur falsifizierenden Kraft der Sprache s. Hassemer, 1992: 81.
[273] Wie oben Fn. 249.
[274] In der strafrechtlichen Literatur vgl. Kindhäuser, 1980: 53 ff., 155 ff.
[275] Ryle, 2002: 80.
[276] Ryle, 2002: 81.
[277] Wittgenstein, 2003: 260.
[278] Ryle, 2002: 83.
[279] Ryle, 2002: 84.
[280] Ryle, 2002: 84 f.
[281] Dazu Kim, 2006: 55 ff.; Beckermann: 63 ff., insb. 81 ff.
[282] Damit wollen wir drei Gefahren vermeiden, die für den Rechtstheoretiker in der Auseinandersetzung mit philosophischen Themen immer bestehen: Erstens, dass er einfach das Problem missversteht und falsch, allerdings autoritativ, argumentiert. D. h.: Um persönliche Überzeu-

Angenommen, dass die Thesen zutreffen, welche Bedeutung können wir davon für die Vorsatzzurechnung ableiten? – Keine. Oder maximal: das antiideologische Selbstverständnis festzulegen, dass wir nicht wissen können, was im Kopf anderer Personen liegt; und dass wir nur von ihren Handlungen her den sogenannten Willen ableiten können. Das ist trotzdem kein bedeutendes Ergebnis. Die Strafrechtswissenschaft hat immer normative Kriterien entwickelt[283], um diese Schwierigkeit zu bekämpfen – oft, sei hier zugegeben, mit einem ideologischen Schleier, der zu einem „ontologischen" Verständnis des Vorsatzes geführt hat.

Andererseits ist auch der Inhalt einer Vorstellung nichts, das man beobachten kann. Wir wissen auch nicht, was jemand tatsächlich weiß, was er von einer Situation bemerkt hat.

Dann wäre kohärent nicht nur auf den Begriff des Willens, sondern auch auf den Begriff der Vorstellung zu verzichten, und man hätte kein Orientierungskriterium zur strafrechtlichen subjektiven Zurechnung.

Die einzige mögliche Lösung, die zu keinem unehrlichen Bekenntnis für die eine oder die andere Stellungnahme führen kann, lautet: Man muss eine allgemeine Bewertung der Handlungssituation machen. D. h.: Das Verhalten des Täters rational[284] erklären[285]. Es scheint richtig zu sein, dass die Beschreibung eines Verhaltens als willentlich von sozialen Maßstäben abhängt[286]. Aber die bloße Elimi-

---

gungen nachzuweisen und ihnen wissenschaftlichen Status zu verleihen, beruft er sich auf berühmte Philosophen, ohne sie zu verstehen oder verstehen zu wollen. Die zweite Gefahr besteht darin, eine bestimmte philosophische Schule oder einen bestimmten Philosophen willkürlich zu wählen, und ihn oder sie zitierend vermeintlich definitive juristische Konsequenzen zu ziehen (so die Kritik Hassemers, 2004: 65 f. an Welzel). In die dritte Gefahr gerät der Rechtstheoretiker, wenn er philosophische Fragen in feste Antworten umwandeln will. Diese Vereinfachung gehört zu einer der gewöhnlichsten Arten von juristischer Gedankenweise: Erkenntnis muss der Lösung konkreter Probleme dienen. Deswegen argumentiert man auf einem angeblich festen Boden, wenn das Wesentliche in der Unsicherheit liegt; systematisiert man Probleme, die sich nicht systematisieren lassen, ohne dass dies zugleich eine Abblendung ihrer Komplexität bedeutet. Kurz: Man geht einen Weg, ohne den Rückweg der dialektischen Selbstkritik zu berücksichtigen.

[283] Dazu Volk, 1993: 611 ff.

[284] Deswegen scheint die Kritik (Roxin, 2004: 253) an der Stellungnahme Puppes, zur Beurteilung seiner Wahrnehmung der Gefahr soll der Täter als vernünftiger Mensch betrachtet werden, nicht völlig gerecht. Kann es anders sein? Eine andere Frage ist, ob das reicht, um die Zurechnung zu bejahen.

[285] Dazu sei hier nur auf die grundlegenden Aufsätze Davidsons (1990: 19 ff.) und Taylors (1970: 54 ff.) hingedeutet. Die Konzentration auf einen einzigen Faktor zur Beurteilung einer Handlung, wie die Wahrscheinlichkeit des Eintretens des Erfolgs, reicht dafür selbstverständlich nicht. Trotzdem Koriath, 1994: 651; Kargl, 1993: 70.

[286] Vgl. Wittgenstein, 2003: 269: „Denk dir diesen Fall: Ich sage Einem, ich sei einen gewissen Weg gegangen, einem Plan gemäß, den ich zuvor angefertigt habe. Ich zeige ihn darauf diesen Plan, und er besteht aus Strichen auf einem Papier; aber ich kann nicht erklären, inwie-

nation von Wörtern, die wir in der Alltagsprache benutzen, um gewisse Situationen zu beschreiben, hilft hier nicht. Andererseits bleibt es völlig unklar, warum die Berücksichtigung des tatsächlichen Willens des Täters dazu führen würde, dass er über die Zurechnung entscheidet, wie in der Argumentation Puppes[287]. Es handelt sich dabei genau um eine Zuschreibungsfrage, über die man in Bezug auf wirkliche Tatsachen entscheiden muss. Es trifft zu, dass die Intensität der Gefahr auf das Vorhandensein des Vorsatzes hinweist; das bleibt aber immer noch ein Indiz neben anderen[288]. Dass die Aufgabe eines begrenzenden Zurechnungskriteriums, wie der Wille des Täters, der Einschränkung des Bereiches der Vorsatzstrafbarkeit dient, ist schwer zu glauben[289]. Dagegen deutet die Tatsache darauf hin, dass dies bei der aberratio ictus zur Vorsatzbejahung in Fällen führt, in denen die herrschende Lehre ihn verneint.

Die Konzentration der Zurechnung auf die vom Täter objektiv geschaffene Gefahr hat andererseits die positive Wirkung, eine unangemessene Einbeziehung von Gesinnungsmomenten und von Elementen eines Täterstrafrechts zur Bestimmung des Vorsatzes zu vermeiden, die aber sowohl zugunsten des Täters als auch gegen ihn verwendet werden können[290].

3.2 Am Rande: Zurechnung zum Vorsatz

Jetzt soll die Plausibilität der einzelnen Argumente, die nach der Strafrechtslehre die Zurechnung zum Vorsatz leiten sollen, überprüft werden. Nicht mehr der Vorsatzbegriff steht zur Frage, sondern die Kriterien, an denen man sich orientieren soll, um die Grenzen der Zuschreibung eines Verhaltens zu dem Vorsatz des Täters zu ziehen. Beide Fragen sind natürlich verflochten, und ihre separate Betrachtung ist nur als schematische Simplifizierung des Problems zu verstehen. Wir hoffen, dass diese formelle Simplifizierung nicht zu einer materiellen Verkennung der Komplexität des Sachverhaltes führt.

---

fern diese Striche der Plan meiner Wanderung sind, dem Andern keine Regel sagen, wie der Plan zu deuten ist. Wohl aber bin ich jener Zeichnung mit allen charakteristischen Anzeichen des Kartenlesens nachgegangen. Ich könnte so eine Zeichnung einen ‚privaten' Plan nennen; oder die Erscheinung, die ich beschrieben habe: „einem privaten Plan folgen." Und im folgenden Aphorismus: „Unser Fehler ist, dort nach einer Erklärung zu suchen, wo wir die Tatsachen als ‚Urphänomene' sehen sollten. D.h.: wo wir sagen sollten: *dieses Sprachspiel wird gespielt.*" Hervorhebung im Original.
[287] S. die scharfe Kritik von Koriath (1997: 905), für den dieser Schluss absurd ist. Vgl. auch Hettinger, 1990: 543, Fn. 52.
[288] S. Roxin, 2004: 243 ff.
[289] Unvermeidbar, an eine irritierende Ähnlichkeit mit Lessings Fabel über den Esel und den Wolf zu denken. „Und ich finde mich in meinem Gewissen verbunden, dich von deinem Schmerzen zu befreien."
[290] Dazu führen z. B. die Kriterien Roxins (2004: 252) und Hassemers (1989a: 305).

Was vorher über den fragmentarischen und kritischen Charakter unserer Analyse gesagt wurde, gilt hier gleichfalls.

3.21 Vorsatzkonkretisierung: Zwischen Gesetzeswortlaut und juristischer Hermeneutik

Das Argument der Notwendigkeit der Vorsatzkonkretisierung des Tatbestandes muss zusammen mit den ihm gegenüberstehenden Gegenargumenten, nämlich bezüglich der Objektsgattung und des Gesetzeswortlauts, analysiert werden. Die Problematik hat wenig mit Besonderheiten des dogmatischen Deliktsaufbaus, aber viel mit dem Problem der Rechtshermeneutik zu tun. Die wirkliche Frage betrifft hier die Schwierigkeit, das Verhältnis zwischen Norm und Sachverhalt zu bestimmen. Andererseits ist aus einem hermeneutischen Ansatz heraus keine Lösung zu erwarten[291]. Er kann nicht sagen, ob das eine oder das andere Argument richtig ist, sondern nur, was aus hermeneutischer Sicht problematisch erscheint. Hermeneutik im Recht kann nicht sagen was, sondern nur warum und wie. Im diesem Abschnitt interessiert uns also, die Leitlinie der genannten Argumente aus hermeneutischer Sicht nachzuprüfen.

„Sprachtheoretisch betrachtet, ist jede interpersonale Kommunikation gekoppelt mit einem aktiven Prozeß der Deutung durch den Nachrichtenempfänger."[292] Das ist eine mehr oder weniger banale Feststellung. Sie wird aber in Zweifel gezogen, wenn man die These aufstellt, der Gesetzeswortlaut sei in der Lage, eine klare Antwort auf alle Fragen der Vorsatzzurechnung zu geben. Dem ist freilich nicht so: „Der Wortsinn sagt nur (grob), was der Typus ganz sicher umfaßt und was er ganz sicher nicht umfaßt."[293] Was zwischen beiden Extremen besteht, ist genau das, was uns hier interessieren kann. Und dass das nicht selbstverständlich ist, zeigt die lange, unlösbare dogmatische Diskussion hierüber. Der Gesetzeswortlaut bewirkt jedenfalls eher eine Vermehrung als eine Reduzierung der Verständnismöglichkeiten[294].

---

[291] Das erklärt sich, dass in der Rechtswissenschaft die erkenntnisleistende Frage ist „nicht, was mit einem Normtext ‚gemeint' sein kann, sondern wie eine bestimmte Fallkonstellation gerecht zu entscheiden ist." Neumann, 1981: 199 f.
[292] Weinberger, 1987: 123.
[293] Hassemer, 1968: 114 f. Vgl. weiter Neumann, 2001: 110: „Die These von der Möglichkeit einer strikten Gesetzbindung ist heute weitgehend destruiert (...)". Damit wird keinesfalls geleugnet, dass der Wortlaut eine wichtige Rolle im Auslegungsprozess spielt und der Rechtsanwender an Wertentscheidungen des Gesetzgebers gebunden ist, sondern nur, dass der Rechtstext allein nicht alle problematischen Frage eindeutig beantworten kann. Dazu Betti, 1969: 205. Sogar der Festlegung des Vorrangs des Gesetzwortlauts gegenüber anderen Auslegungsmethoden impliziert nicht unbedingt die Vertretung einer positivistischen Stellungnahme. Dazu Neumann, 1990: 145.
[294] Kudlich/Christensen, 2004: 75; Hassemer, 1986: 202: „Die Sprache der Gesetze [teilt] die Mehrdeutigkeiten der Umgangssprache (...)". Kudlich/Christensen (2004: 75, Fn. 5) weisen auf

Darüber hinaus wird von Puppe behauptet, nur wenn man sich ausschließlich auf den Gesetzeswortlaut konzentriert, wird überhaupt eine legitime Interpretationsaufgabe geleistet, weil nur der Gesetzgeber, nicht das Leben (!) legitimiert sei, die Grenzen der Zurechnung zu bestimmen[295].

Auf der methodologischen Ebene verleiht das Argument dem grammatischen Moment bei der Gesetzauslegung eine entscheidende Rolle[296] und unterschätzt andere Auslegungsmethoden[297]. Dass ein bestimmter Rechtssatz nur systematisch[298] in einem bestimmten Kontext richtig zu verstehen ist, wird einfach ignoriert. Dies würde schon einige Probleme mit sich bringen, die die Selbstverständlichkeit der Lösung bezüglich der Vorsatzzurechnung erschüttern könnten. Zum Beispiel würde eine systematische Auslegung zur Berücksichtigung des Schuldprinzips beim Verständnis der Regeln der Vorsatzzurechnung führen[299].

Der Meinung, nur der Gesetzgeber sei legitimiert, strafrechtliche Bewertungen zu machen, entspricht die positivistische Auffassung, der Richter spiele nach dem Modell Montesquieus die Rolle eines Subsumtionsautomaten[300], dem keine Wertungen erlaubt sind. Dies hat drei Implikationen: Einerseits die Möglichkeit einer neutralen Rezeption des Textsinnes, andererseits die Erschöpfung der Auslegung in einer passiven Tätigkeit, schließlich die Annahme, dass die Sprache des Gesetzes neutral und ohne externen Wertbezug interpretierbar ist[301]. Diese drei Annahmen lassen sich nicht halten.

---

den Zusammenhang von dieser Tendenz zur Vermehrung der Verständnismöglichkeiten und dem von Davidsons Philosophie entstammten Prinzip der Nachsicht (*principle of charity*) hin, insofern „im Alltagsgebrauch im Interesse einer weitgehenden Kommunikationsermöglichung das Prinzip der Nachsicht walten lässt und sich darum bemüht, seinen Gegenüber auch dann ‚richtig' zu verstehen, wenn er sich ungeschickt ausdrückt". Nach einer klaren Definition Wellmers (2004: 141) besagt dieses Prinzip, „daß ein Interpret, der die Äußerungen anderer Sprecher verstehen und ihre Überzeugungen identifizieren will, unterstellen muß, daß die Überzeugungen der anderen Sprecher ein im großen und ganzen kohärentes Netzwerk von Überzeugungen bilden." Es handelt sich also um eine Maximierung der Kohärenz unter den Äußerungen und Überzeugungen des fremden Sprechers (Wellmer, 2004: 160). Dazu Davidson, 1990: 279 ff.; ders. 1993: 76 f., wo im gleichen Sinne von einem Kohärenz- und einem Korrespondenzprinzip die Rede ist. Dazu s. auch Fulda, 1993: 46; Bung, 2006: 297. Zu einer Parallele zwischen dem *principle of charity* und Gadamers „Vorgriff der Vollkommenheit" (1990a: 299: „nur das [ist] verständlich (...), was wirklich eine vollkommene Einheit von Sinn darstellt. So machen wir denn diese Voraussetzung der Vollkommenheit immer, wenn wir einen Text lesen (...)"), s. Fulda, 1993: 46; Wellmer, 2004: 411.

[295] Puppe, 1992: 14; dies., 341.
[296] Christensen, 1989: 68.
[297] Zur grammatischen und anderen Auslegungsmethoden s. Kudlich/Christensen, 2004: 75 ff.
[298] Kudlich/Christensen, 2004: 76.
[299] Ähnlich Koriath, 1997: 906.
[300] Betti, 1969: 205 f.; Christensen, 1989: 71; vgl. auch Ogorek, 2002: 127 ff., 135.
[301] Christensen, 1989: 72.

Zur ersten Implikation lässt sich mit Gadamer behaupten, dass gerade die Konfrontation der eigenen zeitlichen Wirklichkeit mit der Überlieferung das ist, was die Möglichkeit des Verstehens eröffnet. Die von Heidegger ererbte[302] Analyse des positiven Sinnes[303] des Begriffs des Zirkels des Verstehens[304] erlaubt eine Rehabilitierung des Wertes der Vorurteile. Indem das Verstehen eines Textes ein Entwerfen, eine Erwartung auf einen bestimmten Sinn[305], voraussetzt, wird die Bewegung des Auslegens zirkulär begriffen: Sprachliche wie inhaltliche Vormeinungen werden die Interpretation bestimmen[306]; Verstehen wird nur durch Vorverständnis ermöglicht[307]. Nicht nur, dass Wertungen zur Auslegungstätig-

---

[302] Heidegger, 2001: 150: „Auslegung ist nie ein voraussetzungsloses Erfassen eines Vorgegebenen. Wenn sich die besondere Konkretion der Auslegung im Sinne der exakten Textinterpretation gern auf das beruft, was ‚dasteht', so ist das, was zunächst ‚dasteht', nichts anderes als die selbstverständliche, undiskutierte Vormeinung des Auslegers, die notwendig in jedem Auslegungsansatz liegt als das, was mit Auslegung überhaupt schon ‚gesetzt', das heißt in Vorhabe, Vorsicht und Vorgriff vorgegeben ist." Da das Verstehen als existenziale Struktur des Daseins begriffen wird, versteht das Dasein schon zunächst die Bedeutsamkeit seiner Welt, indem es in der Welt ist. Die Auslegung kommt immer nach dem Verstehen der Welt. Das hängt mit der von Heidegger unternommenen Überwindung der Trennung von Subjekt und Objekt zusammen: Dasein ist In-der-Welt-Sein, als einheitliches Phänomen. Dazu Figal, 1982: 94. Andererseits gründet sich die Bedeutsamkeit der Welt in dem erwähnten ontologischen Primat des Zuhandenen, wo die Welt nicht als „All des Seienden", sondern als ein Sinnzusammenhang verstanden wird. Zum Begriff des Verstehens und seine Konsequenz zum hermeneutischen Verständnis bei Heidegger s. ferner Vedder, 1996: 197 ff., 100.
[303] S. die bekannte Formulierung Heideggers (2001: 153): „*Aber in diesem Zirkel ein vitiosum sehen und nach Wegen Ausschau halten, ihn zu vermeiden, ja ihn auch nur als unvermeidliche Unvollkommenheit ‚empfinden', heißt das Verstehen von Grund aus missverstehen.* Nicht darum geht es, Verstehen und Auslegung einem bestimmten Erkenntnisideal anzugleichen, das selbst nur eine Abart von Verstehen ist, die sich in die rechtmäßige Aufgabe einer Erfassung des Vorhandenen in seiner wesenhaften Unverständlichkeit verlaufen hat. Die Erfüllung der Grundbedingungen möglichen Auslegens liegt vielmehr darin, dieses nicht zuvor hinsichtlich seiner wesenhaften Vollzugsbedingungen zu verkennen. Das Entscheidende ist nicht, aus dem Zirkel heraus-, sondern in ihn nach der rechten Weise hineinzukommen.(...) In ihm verbirgt sich eine positive Möglichkeit ursprünglichsten Erkennens, die freilich in echter Weise nur dann ergriffen ist, wenn die Auslegung verstanden hat, dass ihre erste, ständige und letzte Aufgabe bleibt, sich jeweils Vorhabe, Vorsicht und Vorgriff nicht durch Einfälle und Volksbegriffe vorgeben zu lassen, sondern in deren Ausarbeitung aus den Sachen selbst her das wissenschaftliche Thema zu sichern."
[304] Vgl. Gadamer, 1990: 271: „Heideggers hermeneutische Reflexion hat ihre Spitze nicht so sehr darin, nachzuweisen, dass hier ein Zirkel vorliegt, als vielmehr darin, dass dieser Zirkel einen ontologischen positiven Sinn hat." Bei der juristischen Literatur vgl. Esser, 1972: 137; Hassemer, 1968: 106 f.; Larenz, 1991: 206 ff.; Kaufmann, 1971: 100 f.; ders., 1984: 73 ff.
[305] Gadamer, 1990: 271.
[306] Gadamer, 1990: 272.
[307] Vgl. Esser, 1972: 30 ff.; 136 ff.; Engisch, 1960: 15; Hassemer, 1968: 81 ff.; ders. 1986: 210 f.; Larenz, 1991: 207ff. Neumann (1984: 52 f.) macht auf die ideologiekritische Potenz dieser Annahme aufmerksam. In diesem Sinne auch Kaufmann, 1984a: 86, juristische Hermeneutik

keit notwendig sind; sie sind das, was Auslegung überhaupt erst ermöglicht. Eine Auslegung ist nur in dem Zusammentreffen zwei verschiedener geschichtlicher Horizonte[308], dem des Interpreten und dem des zu interpretierenden Texts, möglich, was auf die Geschichtlichkeit des Auslegungsprozesses, die aus der Geschichtlichkeit des Daseins selbst entsteht, verweist. Daraus ergibt sich einerseits eine Wiederlegitimierung der Tradition als notwendiges Element des Verstehens; andererseits wird die Zeit, die Interpret und Text, Interpret und Überlieferung, voneinander trennt, so verstanden, dass sie dem Zusammenhang des Phänomens des Verstehens selbst angehört: „die Zeit [ist] nicht primär ein Abgrund, der überbrückt werden muss, weil er trennt und fernhält, sondern sie ist in Wahrheit der tragende Grund des Geschehens, in dem das Gegenwärtige wurzelt."[309] Indem der Interpret eine „Verschmelzung" von verschiedenen geschichtlichen Horizonten vollendet, überwindet er seine eigene Partikularität und die Partikularität des anderen zugunsten einer höheren Allgemeinheit. Zur zweiten Implikation: Die Auslegung ist keine passive, sie ist vielmehr eine produktive Tätigkeit[310], in der der Interpret den Sinn des Textes im Prozess der Auslegung konstituiert[311]. Zwischen Interpreten und Text *geschieht*[312] ein Ge-

---

zerstöre „manche Illusionen"; ders., 1984b: 91, die Verschleierung der gestaltenden Momente des Rechtsfindenden in der Interpretation führe zu einem „ideologischen Objektivismus" im Sinne Adornos.

[308] Gadamer, 1990: 307. Statt einen subjektiven Gesichtspunkt zu meinen, enthält der Begriff des Horizonts, was jenseits des Subjekts liegt, was sich mit ihm bewegt, aber ihn übertreibt. Vgl. Grondin, 2005: 404 : „C'est qu'il est plus juste de dire que l'horizon est ce que l'on voit *depuis* un point de vue. C'est ne pas le point de vue lui-même. (...) On voit par là que le terme d'horizon a acquis aujourd'hui un sens peut-être trop subjectif, alors qu'il désigne d'abord ce qui dépasse la subjectivité, ce qui l'entoure." In der Rechtsliteratur redet Leicht (1971: 72) von einer Vermittlung zwei geschichtlich differenter Situationen.

[309] Gadamer, 1990: 302. Neumann (1981: 198) betont mit Recht, dass in der juristischen Hermeneutik das wesentliche Moment des Anwendungsprozesses nicht die Überwindung des Zeitenabstands ist, sondern die Überwindung der Differenz zwischen allgemeiner Norm und singulärer Tat. Daraus die Konsequenz zu ziehen, dass „der hermeneutische Zirkel der Jurisprudenz (...) von der historischen Dimension ablösbar [ist]", scheint uns indessen zu radikal. Denn auch in dieser Vermittlung zwischen Allgemeinem und Singulärem besteht ein Moment von Geschichtlichkeit. Andererseits greift das Problem der Beziehung zwischen Interpreten und Norm wie bei jedem hermeneutischen Verstehen auf die Geschichtlichkeit von beiden zurück.

[310] Vgl. Gadamer, 1986a: 109. Im Anschluss auf eine Umformulierung der Marxschen berühmten elften These über Feuerbach vertritt Vattimo (2001: 53) die These, dass dieser produktive Beitrag als Identifizierung von Weltverstehen und Weltveränderung mit ontologischen „revolutionären" Implikationen verstanden werden kann. Vgl. auch Kaufmann, 1984a: 85; Neumann, 1981: 197.

[311] Hier entsteht auch eine Annäherung von Hermeneutik an Rhetorik, die nach der Veröffentlichung von *Wahrheit und Methode* von Gadamer (1986b: 236) betont wird: „(...) die Erfahrung des Textsinnes [empfängt] den Charakter einer selbständigen Produktion, die ihrerseits mehr der Kunst des Redners als dem Verhalten seines Zuhörers gleicht."

spräch[313], das von keinem der beiden geführt wird[314]. Was die beiden Partner verbindet, ist die Sache selbst, worum das Gespräch geht[315]. Als Ergebnis dieses Gesprächs wird eine Verständigung, ja ein Konsens erreicht[316], der auftritt, indem das Fremde, das zwischen dem Interpreten und dem Text besteht, in einen einheitlichen Zusammenhang gebracht wird.

In unserem Zusammenhang bedeutet das, dass es nicht nur Sinn macht, nach den konkreten Tatsachen zu fragen, die den Tatbestand im Einzelfall konstituieren; man *muss* sie festlegen und man *wird* das sowieso machen[317]. Die Auslegung setzt ein „Hin- und Herwandern des Blickes zwischen Obersatz und Lebenssachverhalt"[318] voraus, ein Zusammenspiel, in dem der eine den anderen wechselseitig konstituiert. Norm und Sachverhalt „müssen daher, bevor der logische Syllogismus einsetzen kann, erst *gleichgemacht* werden, d.h. erst muß der im gesetzlichen ‚Tatbestand' begrifflich formulierte Normsachverhalt mit dem wirklichen konkreten Lebenssachverhalt in eine Relation gebracht werden, indem mittels eines ‚teleologischen' Verfahrens ihre Ähnlichkeit festgestellt wird."[319] Die Gesetzgebung bedarf einer allgemeinen Beschreibung von Sachverhalten[320]; der Rechtsanwendung entspricht, diese allgemeinen Formulierungen im Einzelfall brauchbar zu machen[321]. Das ergibt sich schon aus der Sprachlichkeit des Tatbestandes[322]. Die ironische Behauptung, „das Leben tut uns den Gefallen nicht, uns vorgefestigte Tatsachen oder Dinge zu liefern" ist so selbstverständlich, wie es lächerlich ist, diese Ironie als ernsthaftes Argument gegen die herrschende Meinung zu formulieren.

Hinsichtlich der dritten Implikation kann die Sprache nicht statisch und neutral verstanden werden[323]. Sie ist zuerst das Medium, in dem sich die Auslegung verwirklicht: „Jedes Gespräch setzt eine gemeinsame Sprache voraus, oder bes-

---

[312] Hinter diesem Gedanken des Gesprächs als Geschehen erkennt Kogge (2001: 67) den Einfluss der früheren Ausführungen Heideggers über die Faktizität.

[313] Gadamer, 1990: 383; vgl. dazu auch Kogge, 2001: 65 ff. Dieses Modell wird in *Wahrheit und Methode* im Zusammenhang mit der von Collingwood inspirierten Idee einer Logik von Frage und Antwort bearbeitet (1986a: 110; 1986c: 226): Jeder Text stellt eine Antwort auf eine vorherige Frage dar; um diesen Text zu verstehen, muss der Interpret dann jene Frage wiedergewinnen.

[314] Gadamer, 1990: 387.

[315] Kogge (2001: 67) kennzeichnet die Struktur des Gesprächs bei Gadamer als ein Dreieck, „in dem die Relation der Kommunikation auf einen dritten Pol, die Sache hin ausgerichtet ist."

[316] Gadamer, 1986a: 114.

[317] In diesem Sinne Hettinger, 1990: 541 ff.

[318] Engisch, 1960: 15.

[319] Kaufmann, 1982: 37. Vgl. auch Hassemer, 1968: 107 f.; Leicht, 1971: 73. Zum Begriff des Typus Kaufmann, 1982: 46 ff.; Hassemer, 1968: 112.

[320] Kaufmann, 1971: 99.

[321] Vgl. Hettinger, 1990: 543.

[322] Dazu Hassemer, 1968: 84 ff.

[323] Leicht, 1971: 75.

ser: es bildet eine gemeinsame Sprache heraus."[324] Im Gespräch kommt eine Sache – die, wie wir gesehen haben, beide Partner verbindet – zur Sprache: Daran sind Interpret und Text gleichzeitig beteiligt[325]. Aber nicht, dass die Sprache als ein Werkzeug für das Zweck der Verständigung betrachtet werden sollte: Sie selbst wird im Laufe des Verstehens und der Verständigung von den Partnern aufgebaut[326].

Damit wurde lediglich gesagt, dass die Tatbestandsauslegung, sei es vom Rechtsanwender oder vom Rechtstheoretiker, immer eine Konkretisierung im Sinne von Annäherung von Sachverhalt und Norm impliziert[327]. Dies sagt aber noch nichts über die Tragweite dieser Konkretisierung aus. Man kann immer noch auf dem Postulat beharren, eine Konkretisierung jenseits der Gattungselemente sei nicht erforderlich. Wie man auch sagen kann, dass die Konkretisierung auch die Identität des getroffenen Objekts enthalten soll. Die eine oder andere These erfordert eine normative Bewertung, die auf der Basis verschiedener Argumente vertreten werden kann. D. h.: Die Hermeneutik führt den Interpreten zurück zur juristischen Argumentation[328]. Was man nicht sagen darf, ist jedoch, dass diese Frage wegen der Tatbestandsauslegung schon in einer oder anderen Richtung entschieden wurde.

3.22 Das Verhältnis zum Kausalverlauf

Es ist merkwürdig, dass die Adäquanz des Kausalverlaufs als Argument für die Vorsatzzurechnung von Welzel gebraucht wird. Seine Meinung lässt sich kaum mit den Prämissen der finalen Handlungslehre in Einklang bringen[329]: „(...) die einzigartige Stellung des Willens im Gesamtgefüge der Welt [ist], das ‚blinde' Geschehen innerhalb bestimmter Grenzen in ein ‚sehendes' umzuwandeln, d. h. den kausalen Nexus final zu überdeterminieren. Vermöge seiner Fähigkeit zu Sinn und Einsicht ist er imstande, die möglichen Wirkungen seines kausalen Eingreifens in dem Umfange seiner Einsicht gedanklich zu antizipieren und danach sein Eingreifen in die Welt sinn- und zweckvoll zu regulieren. Hierin liegt die spezifische Struktur des Willens als determinativen Faktors beschlossen, nämlich auf Grund objektiver Voraussicht, sich als kausalen Faktor so in das Gesamtgetriebe der Welt einzuschalten, daß er die Resultante des an sich blinden Geschehens sinnhaft umlenkt."[330]. Wenn das Treffen eines anderen Objekts nicht

---

[324] Gadamer, 1990: 384.
[325] Gadamer, 1990: 391.
[326] Grondin (2000: 232) bezieht sich auf die "Freiheit des Anderssagenkönnens."
[327] Dazu Hassemer, 1986: 208 ff.
[328] Neumann, 1984: 56; ders., 2001: 117 f.; Hassemer, 1968: 137 f.; Kaufmann, 1984a: 88.
[329] Bemmann, 1958: 819, Fn. 40; Noack, 1966: 24; Rath, 1993: 121 f. Generell über die finale Handlungslehre s. Weinberger, 1987a: 134 ff.
[330] Welzel, 1935: 65.

mindestens als ein Nebeneffekt in der ersten, intellektuellen Stufe der Handlungsverwirklichung vorausgesehen wurde[331], bedeutet dies, dass der Kausalverlauf, der sich in zweiter Stufe entwickelt[332], nicht vom Täter beherrscht wurde. Er bleibt „blind".

Das Argument muss jedoch für sich bewertet werden, d. h. jenseits des theoretischen Rahmens des Finalismus. Es wird von der herrschenden Meinung akzeptiert, wenn es sich um einen „normalen" Abweichungsfall handelt[333], bei der aberratio ictus wird es jedoch abgelehnt: Es sei nur auf die Fälle anwendbar, bei denen sich nur die Art und Weise des Angriffs modifiziert, nicht hingegen auf die Fälle, bei denen ein anderes Objekt getroffen wird[334].

Der Grund für diese Annahme ist einfach zu verstehen. Adäquat ist ein Kausalverlauf nicht an sich, sondern nur bezüglich eines vorgestellten (und gewollten) Erfolgs. Die aberratio ictus enthält aber eine doppelte Abweichung, auch in Bezug auf das getroffene Objekt und so auf den Erfolg. Nicht nur der Kausalverlauf steht in Frage. Man könnte hierbei immer argumentieren, dass der gleiche Erfolg eingetreten ist. D. h.: Da der Erfolg hier nur als Tatbestandselement interessiert, wird er auch von diesem bestimmt, und in Bezug auf den Tatbestand macht es keinen Unterschied, welches Objekt getroffen wird. Dies setzt allerdings einen Bezug auf das Gattungsargument voraus. Die Adäquanz spielt dann keine Rolle mehr.

Ihre Anwendbarkeit bei den allgemeinen Konstellationen von Kausalabweichungen wurde schon oben (1.121) analysiert. Das Kriterium orientiert sich dann an der Voraussehbarkeit und, als ihr Maßstab, an der allgemeinen Lebenserfahrung[335]. Dies scheint einerseits unpräzise, andererseits unsystematisch. Unpräzise, weil immer offen bleibt, was unter „allgemeiner Lebenserfahrung" zu verstehen ist. Vermutlich will man damit auf ein Wahrscheinlichkeitsurteil hinweisen. Dann wäre der Ausdruck „Lebenserfahrung" überflüssig und zu eng: Ein Wahrscheinlichkeitsurteil enthält andere, komplexere Maßstäbe. Plausibler wäre die Hypothese, dass damit jene merkwürdigen Abweichungen gemeint werden, für die die Bejahung der Vorsatzzurechnung durchaus unangemessen erscheinen würde. Das wäre aber unsystematisch, weil diese Fälle schon bei der objektiven Zurechnung beurteilt werden sollen[336].

---

[331] Dazu Welzel, 1969: 34 f.
[332] Welzel, 1969: 35.
[333] Dazu s. oben 1.121.
[334] Vgl. die Kritik von Schreiber (1985: 874), Noack (1966: 23 f.) und Rath (1993: 120).
[335] S. dazu oben 1.121.
[336] Wie Fn. 85.

3.23 Das Plankriterium

Das Plankriterium Roxins beansprucht, einen normativen Maßstab für die Beurteilung der Fälle von Kausalabweichung festzulegen. Wie jedes Zurechnungskriterium, um diesem Anspruch zu genügen, muss es drei Bedingungen erfüllen: Es muss klar definiert und dargelegt werden; es muss einheitlich anwendbar sein; und es muss zu klaren Lösungen führen.

Die erste Bedingung bedeutet, dass genügend bestimmt sein muss, was unter Plan zu verstehen ist. In der Alltagsprache enthält das Wort sehr wahrscheinlich auch die Referenz auf die Identität des Opfers. Wenn man das Kriterium anders orientieren will, muss mindestens klar sein, worauf es sich bezieht. Schon seine theoretische Formulierung kann jedoch seiner Willkürlichkeit nicht entrinnen. So lässt sich einfach nicht verstehen, warum die Identität des Opfers manchmal relevant sei, manchmal nicht[337].

Daraus ergibt sich auch, dass es nicht einheitlich anwendbar ist. Oder jedenfalls (was im Zuschreibungsbereich das gleiche ist): Es wird nicht einheitlich angewendet. Zur Lösung von Fällen ohne sinnliche Wahrnehmung des Opfers wird es aufgegeben[338]. Dies indiziert seine Ungenügsamkeit. Es macht keinen Sinn, Kriterien zu erstellen, die im Einzelfall aufgegeben werden müssen.

Da das Kriterium manchmal die Opferidentität enthält, manchmal nicht; manchmal anwendbar ist, manchmal nicht, scheint es klar, dass es leider nicht imstande ist, zu klaren Lösungen zu führen. Eher werden diese Lösungen anders und vorher getroffen.

Kurz: Das Plankriterium ist ein (schlechter) Versuch, dogmatische Entscheidungen zu rationalisieren, die aus anderen Gründen getroffen werden.

3.24 Prinzipienargumentation

Die an Prinzipien orientierte rechtswissenschaftliche Argumentation geht davon aus, dass aus der Rechtsordnung neben den Regeln auch normative Aussagen hoher Generalisierungsstufe heranzuziehen sind, die als Optimierungsgebote[339] diese Rechtsordnung unterstützen und zur Lösung problematischer Fälle beitragen. Diese Meinung ist wahrscheinlich richtig, die Diskussion darüber interessiert uns hier aber nicht[340].

Was in unserem Zusammenhang wichtig ist, ist zu beleuchten, wie auf der Basis eines prinzipiologischen Argumentierens Konsequenzen zur Lösung des spezifi-

---

[337] Kritisch demgegenüber Rath, 1993: 146.
[338] S. dazu oben 2.1222.
[339] Alexy, 1985: 75; Dreier, 1991: 63; Günther, 1988: 268.
[340] Dazu s. u.a. Alexy, 1985: 71 ff.; ders., 1992: 21, 299; Günther, 1988: 268 ff.; Dreier, 1991: 56, 60 f, 62 ff.; Esser, 1972: 41 f. Zu Prinzipien in der strafrechtlichen Diskussion vgl. Schünemann, 2001: 23.

schen Problems der Vorsatzzurechnung möglich werden können. Dies ist keinesfalls unumstritten[341] und gerade deswegen hilft hier die Berufung auf Prinzipien wenig.

Zwei Vorbemerkungen sollen hier gemacht werden. Die eine, dass Rechtsprinzipien kollidieren können, und es nicht reicht, eines zu nennen, um ein Problem zu lösen. D. h.: Prinzipien werden von anderen Prinzipien eingeschränkt[342]. Die andere, dass zwischen formal-logischen und materiellen Prinzipien unterschieden werden muss, und dass in einer Abwägung beide Arten auf ihren entsprechenden Niveaus berücksichtigt werden müssen.

Diese zwei Bedingungen – andere Prinzipien in ihren entsprechenden Niveaus anzuwenden – erfüllt die Argumentation nicht, die im Anschluss an das Erfolgsprinzip das Problem der aberratio ictus lösen will[343]. Das Erfolgsprinzip wird bei Noll lediglich in seiner formal-logischen Tragweite gebraucht, als ratio der Strafbarkeitsminderung des beendeten Versuchs[344]. In diesem Sinn handelt es sich um eine systematische Interpretation von § 16 in Bezug auf § 23 StGB. So ist es vernünftig, sich auf ihn zu berufen. Der Blick auf das Erfolgsprinzip hat also eine positive Bedeutung. Ob es für die Lösung des Problems entscheidend ist, ist eine Frage von ganz anderem Kaliber.

Es bleibt nämlich völlig unklar, warum nur das Erfolgsprinzip eine Rolle in diesem Zusammenhang spielen sollte[345]. Ausgehend von dem Schuldprinzip kann man wohl vertreten, dass der Täter für einen Erfolg, den er nicht vorausgesehen hat, nicht bestraft werden dürfte[346]. Die Lösung wäre auch nicht rein systematisch, wie Noll die herrschende Lehre kritisiert. Das Schuldprinzip ist ein materielles Prinzip, von der Rechtsordnung wörtlich anerkannt; d. h. es ist keine rechtsdogmatische Deduktion. In ihm liegt sowieso der Grund der Existenz einer subjektiven Zurechnung. Dass das Erfolgsprinzip den Vorrang hier haben sollte, bleibt etwas mehr als zweifelhaft. Dies kann jedenfalls durch die Berufung auf eine teleologische Strafrechtsargumentation nicht entschieden werden[347].

---

[341] Vgl. Alexy, 1992: 21.

[342] Alexy, 1992: 319; ders., 1985: 79 f.; Günther, 1988: 268 ff.

[343] S. oben 1.214.

[344] Vgl. Noll, 1965: 5. Materiell könnte man das Erfolgsprinzip mit dem Prinzip der Sozialschädlichkeit (dazu Schünemann, 2001: 24) identifizieren. Auch wenn angenommen wird, dass Noll das Prinzip materiell auffasst, oder dass eine Auffassung die andere impliziert, ändert das nichts in unseren Überlegungen, weil das Schuldprinzip jedenfalls nicht berücksichtigt wird.

[345] Vgl. Hillenkamp, 1971: 108. Ähnlich spricht Rath (1993: 115) von der Möglichkeit einer Kollision von Wertprinzipien bei der aberratio ictus-Diskussion.

[346] S. oben 1.223.

[347] Wie Alexy (1992: 21) formuliert: „Das axiologisch-teleologische System selbst erlaubt keine Entscheidung darüber, wie das Zusammenspiel der Prinzipien in einem Einzelfall auszusehen hat und welche Einzelwertungen vorzunehmen sind."

Man könnte dann argumentieren, dass die Lösung, die Noll befürwortet, nicht gegen das Schuldprinzip verstößt. Dies wäre aber eine andere Frage, die nur inhaltlich, nicht formell, diskutierbar ist. Das Problem ist, dass die Argumentation von Noll nur sinnvoll ist, wenn man das Vorliegen eines Versuchs annimmt (d. h. im Widerspruch zu der Minderheitsmeinung); diese Annahme schwächt selbstverständlich die These, dass das Schuldprinzip in solchen Fällen trotz der Strafbarkeit unberührt bleibt.

Jedenfalls gilt hier: Die Berufung auf allgemeine Rechtsprinzipien kann viel zur Aufklärung der Diskussion um die Vorsatzzurechnung beitragen; sie kann die Diskussion aber nicht entscheiden.

3.25 Vorsatz und Risikoverwirklichung

Die Auffassung, der Vorsatz sei in Bezug auf die von ihm verursachte Gefahr zu bestimmen, kann unter verschiedenen theoretischen Gesichtspunkten kritisiert werden. Hier konzentrieren wir uns auf das spezifische Argument zur Lösung der Fälle von Kausalabweichung, das besagt, der Vorsatz muss das Risiko verwirklichen, das von ihm geschaffen wurde. Es liegt auf der Hand, dass, so formuliert, das Argument nicht viel besagt. Es verschiebt die Frage auf die folgende theoretische Frage, die auf jeden Fall lautet: Hängt die Verwirklichung derselben Gefahr von dem vorhergesehenen Objekt ab? Spielt dieses eine relevante Rolle bei der Bestimmung des gesetzten Risikos? Silva-Sanchez beantwortet diese Frage mit ja, und begründet seine Stellungnahme mit einem Bezug auf das Rechtsgut[348]. Jakobs macht dies auch, ohne diese Stellungnahme zu begründen, es sei denn, man akzeptiert den unpräzisen Begriff von „Erklärung" des Kausalverlaufs als ausreichende Begründung[349]. Dass das vom Täter geschaffene Risiko sich nur auf das vorgestellte Objekt verwirklicht, weil er das Risiko für andere Objekte nicht erkannt hat, ist vielleicht wahr, setzt aber voraus, was durch den Bezug auf das Risiko eigentlich nachzuweisen wäre.

Das Argument bedarf allerdings eines normativen Kriteriums jenseits des (nicht) angebotenen, um die Verwirklichung des Risikos zu beurteilen[350]. Bei Fällen, in denen die sinnliche Wahrnehmung des angegriffenen Objekts fehlt, ist dieses Argument nicht in der Lage, eine klare Antwort zu geben. Man würde dazu neigen, den Vorsatz auszuschließen, weil das Risiko des Treffens eines anderen Objekts auch nicht erkannt wurde. Ausgehend von einer Individualisierung nach Zeit und Ort leugnet Jakobs trotzdem, dass es sich um Abirrungsfälle handelt, und bejaht den Vorsatz[351].

---

[348] Zur Darstellung s. oben 1.228; zur Kritik s. unten 3.26.
[349] S. oben 1.224.
[350] Vgl. auch Heuchemer, 2005: 278.
[351] Jakobs, 1993: 304.

Zusammengefasst: Entweder verlegt das Argument seine Rechtfertigung auf andere Bereiche der dogmatischen Diskussion oder ist schlicht inkonsequent. Oder beides.

3.26 Das Rechtsgut

Der Bezug auf den Rechtsgutsbegriff zur Entscheidung über die Vorsatzzurechnung geht in zwei Richtungen[352], die je entsprechender, verschiedener Analysen bedürfen.
Wenn Silva-Sanchez das Rechtsgut als Kriterium zur Unterscheidung verschiedener Risiken, die von einer Handlung gesetzt werden, festlegt, bezieht er sich auf „eine konkrete, empirische Realität in ihrem funktionalen Wert für das Recht (...) und nicht nur [auf] einen abstrakten Wert"[353], so dass in einem Tatbestand verschiedene Rechtsgüter der gleichen Art zu finden seien.
Auch wenn diese Definition zuträfe, müsste allerdings begründet werden, warum dann das Rechtsgut und nicht der Tatbestand selbst zur Bestimmung des Risikos gelten sollte. Diese Annahme lässt sich normativ nicht rechtfertigen.
Der vorgeschlagene Rechtsgutsbegriff ist jedoch kaum akzeptabel. Er löst den Unterschied zwischen Rechtsgut und Handlungsobjekt[354] auf, um in Bezug auf diesen eine willkürliche Lösung zu einem punktuellen Problem zu formulieren, und verwechselt das Verlangen eines realen auf die menschliche Person bezogenen Werts[355] mit einer bei jeder Handlung anderen empirischen Entität[356]. Wie

---

[352] S. oben 1.228.
[353] Zitiert oben, 1.228: Silva-Sanchez, 1989: 374.
[354] Zu dieser Unterscheidung s. Tavares, 202 f.; Roxin, 2006: 33 f.
[355] Tavares, 2003: 181 ff.; Hassemer, 1973, 56 ff.; ders., 1989: 91; Welzel, 1975c: 140. Auch Roxin betont die Notwendigkeit, das Rechtsgut jenseits eines ideellen Gebildes zu begreifen; es scheint aber nicht notwendig, auf den Ausdruck ‚Wert' zu verzichten. Der Anspruch, Rechtsgüter konkret zu bezeichnen, kann auch zu unangemessenen Ergebnissen führen; so bezieht sich Rudolphi (1970: 163 ff.) auf „soziale Funktionseinheiten", was zu einer unakzeptablen Ausbreitung des Begriffs führt, indem auch Staatsfunktionen konzeptuell von ihm umfasst werden könnten, und konsequenterweise gegen seine Limitierungsaufgabe wirkt. Dass die Rechtsgüter in einem funktionalen Zusammenhang in der sozialen Welt stehen, wie Welzel (1975c: 140) richtig anerkannt, hat trotz der beanspruchten Parallele (Rudolphi, 1970: 163 f.) nichts damit zu tun; sie besagt nur, dass der Mensch nicht allein, sondern in einer sozialen Welt lebt, und die Werte, die für ihn relevant sind, nur in diesem Zusammenhang einen Sinn haben. Zur starken Kritik der Identifizierung von Rechtsgütern und Funktionen s. Tavares, 2003: 203 ff., 211 ff.
[356] Kritisch dazu schon Welzel (1975c: 135): „Das Rechtsgut ist zu einem wahren Proteus geworden, der sich unter den Händen, die ihn festzuhalten glauben, sofort in etwas anderes verwandelt. Dabei ist das gute deutsche Wort ‚Recht-Gut' noch gar nicht mal so schuld daran, da es doch immerhin die Vorstellung von etwas Handgreiflich-Festem, den äußeren Gütern, nahe legt." Auch in diesem Sinne neuerdings Wohlers, 2002: 16, jedenfalls zur Kritik einer personalen Rechtsgutsauffassung.

Hefendehl es ausdrückt: „Die Alternative zu ‚ideell' lautet nicht ‚materiell' (körperlich), sondern ‚real'"[357].
Die Rechtsgutsdefinition ist keinesfalls unumstritten[358], kann jedenfalls nicht auf eine solche empirische Materialität begrenzt werden. Und das einfach darum, weil das Rechtsgut sonst keine seiner anderen möglichen Funktionen jenseits der Beteiligung an dem Aufbau der Verbrechenssystematik leisten könnte. Wenn man ihm die Funktion eines Hilfsmittels der Tatbestandsauslegung zuschreibt[359], ist dies nur denkbar, wenn die Auslegung sich an einen Oberbegriff, auf keinen Fall an verschiedene empirische Entitäten orientiert. Anderseits setzt die strafbarkeitsbegrenzende Funktion und sein kritisches Potential[360] gleichfalls eine gewisse Generalität und Substantialität[361] (hier im Sinne von einem realen, sozial erkennbaren Wert) voraus. Darüber hinaus ist es zu bemerken, dass bei den nicht höchstpersönlichen Delikten nur eine solche generelle Formulierung die (zu einer liberalen und an seiner kritischen Potenz orientierten Auffassung) notwendige Verbindung des Rechtsgutsbegriffs mit dem Individuum ermöglicht[362].
Die Notwendigkeit dieses Rückgriffs auf das menschliche Individuum führt auch dazu, das Argument Hillenkamps, dass eine unterschiedliche Behandlung der Fälle von Kausalabweichung auf einem verschiedenen Grad von Persönlichkeitsprägung und Individualabhängigkeit der Rechtsgüter basiert, vorsichtig zu betrachten. Alle Rechtsgüter greifen nämlich auf das Individuum zurück und nur in diesem Verhältnis bekommen sie einen Sinn. Dass ein Gradunterschied hier besteht, ist jedoch unleugbar.
Die zu stellende Frage soll deswegen sein, ob dieser verschiedene Grad zu dem Ergebnis führt, dass bei den „höchstpersönlichen Rechtsgütern" eine „Gleichwertigkeit mangels Vergleichbarkeit der Individualwerte" zu verneinen sei. Das ist nur anzunehmen, wenn der Autor mit seiner Meinung Recht hat, dass diese Fälle ein qualitativ anderes Unrecht begründen[363]. Ausgehend von dem Rechtsgutsbegriff ist das aber nicht selbstverständlich, weil er, wie schon gesagt, den Unrechtsgehalt einer Tat nur allgemein, nicht in Bezug auf das Handlungsobjekt bestimmen kann. D. h.: Die Theorie muss den Individualwert des Handlungsobjekts als Kriterium einschließen, und dies wird dahingehend begründet, dass der

---

[357] Hefendehl, 2002: 23.
[358] Ein Überblick auf verschiedene Definitionen bei Roxin, 2006: 14. Zur Entstehung des Begriffs vgl. Günther, 1995: 449 ff. Eine umfassende und kritische Darlegung der historischen Evolution des Begriffs bei Tavares, 2003: 183 ff.
[359] Dazu Rudolphi, 1970: 152 ff.; vgl. auch Roxin, 2006: 14, nach dem über diese Funktion „Einigkeit besteht".
[360] Kritisch dazu Wohlers, 2002: 15 ff.; auf diesem Potential beharrend Hefendehl, 2002: 22.
[361] Tavares, 2003: 218.
[362] Hassemer, 1973: 76 ff., 222; ders., 1989 : 91; Marx, 1972 : 32ff., 40; Tavares, 2003: 198, 202; Zaffaroni, 2000: 466. Gegen Wohlers, 2002: 16.
[363] Hillenkamp, 1971: 114.

spezifische Charakter des höchstpersönlichen Rechtsguts dieses Element in der Unrechtsbestimmung relevant macht. Individualwert kann aber hier nur bedeuten: an die Identität der Person zu appellieren.
Dann bleibt völlig unklar, warum der error in persona unerheblich sein sollte. Dass „die Zurechnung des Erfolges zum Vorsatz (...) daher hier allein aus dem Grunde [geschieht], dass sich vorgestellter, vorsätzlich gewollter und tatsächlich eingetretener Erfolg konkret decken und der die Motivationsverwirklichung verhindernde Irrtum über Identität und andere den Tatumstand nicht berührende Willenskonkretisierungen strafrechtlich irrelevant ist"[364], kann im Vergleich auf das, was schon gesagt wurde, nicht überzeugen. Denn die Identität der Person bestimmt eigentlich, dass Individualwerte unvergleichbar sind. Sie ist zweifelsohne entscheidender für ihren Persönlichkeitswert als irgendein anderes Tatbestandselement. Die Erheblichkeit nicht bis zu dem error in persona auszubreiten, ist auf der Grundlage dieser Theorie inkonsequent[365].

3.3 Bilanz: intradogmatische Inkongruenzen

Die Argumente erster Stufe lösen das Problem nicht. Auch die Meinung, dass die Dogmatik mindestens zum besseren Verständnis des Problems führt, ist bestreitbar. Wenn keine Lösung herbeigeführt werden kann, wenn viel behauptet wird, das einfach nicht zutrifft oder nicht notwendig zutrifft, besteht immer die Möglichkeit, dass die ganze dogmatische Diskussion das Problem mithilfe komplizierter Theorien einfach verbirgt.
Ohne weitere Überlegungen bedeutet das schon, dass dem dogmatischen Gerüst der Strafrechtswissenschaft die Gefahr des Zerfalls droht. Sie scheitert bei dem Versuch, alle die selbstgestellten Fragen zu beantworten. Es kann wohl sein, dass das nur ein Schein ist und dass die Dogmatik einen alternativen Weg mit der Berufung auf andere Argumentationsebenen findet. Auf der intradogmatischen Ebene kann sie das eben nicht. Das Argumentieren hier ist oft widersprüchlich, manchmal nichtüberzeugend, wenn nicht unehrlich. Jedenfalls: inkongruent.

---

[364] Hillenkamp, 1971: 36 f.
[365] Die Kritik gleicht hier der, die an allen Stellungnahmen geübt wird, die die Identität des Opfers als Zurechnungskriterium nur bei der aberratio ictus verwenden. Dass Roxin die Theorie Hillenkamps seinem Plankriterium annähren will, weist die Richtigkeit dieser Parallele auf.

4. Die Versatzstücke: Rettungsversuche der Vorsatzdogmatik

4.1 Das Netz immer wieder aufbauen. Auseinandersetzung mit Argumenten zweiter Stufe

Das mindestens intuitiv anerkannte Scheitern der Argumente erster Stufe führt zur Einbeziehung neuer Arten von Argumenten, die in der Lage wären, die Problematik der aberratio ictus zu lösen. Indem sie die Möglichkeit einer rationalen Begründung zur Lösung des Problems mit dem dogmatischen Instrumentarium, das dem Theoretiker zur Verfügung steht, verteidigen, sollen diese Argumente zugleich das Netz retten, wenn es zerreißt. Im Folgenden überprüfen wir ihre Fähigkeit, dies zu leisten.

4.11 Das Rechtsgefühl

An das Rechtsgefühl zu appellieren, ist ein billiges Argument. Wenn die dogmatische Systematisierung nicht imstande ist, eine klare Antwort zu geben, hilft dies immer. Das Rechtsgefühl ersetzt eine rationale Begründung: Das ist so, weil wir, als Teilnehmer dieser (Rechts-)Gemeinschaft, das so empfinden.
Die Diskussion über die Gültigkeit dieses Arguments in der strafrechtlichen Diskussion um den Vorsatz setzt zwei Etappen voraus: Zuerst müssen wir fragen, was unter Rechtsgefühl zu verstehen ist; dann ist es zu beleuchten, wie es sich zu den dogmatischen Argumenten erster Stufe verhält.
Das Rechtsgefühl kann auf zwei verschiedene Weisen begriffen werden, entweder vorjuristisch, also moralisch, oder schon systematisch-juristisch. Die erste Variante ist die populärste Auffassung und besagt, dass wir eine Idee von Gerechtigkeit in unserer Kultur erfahren und in Berufung auf diese Idee beurteilen können, ob eine juristische Entscheidung richtig oder falsch ist[366]. Die zweite Variante wirkt nach der juristischen Systematisierung und will somit innerhalb des juristischen Systems eine Idee von Gerechtigkeit empfinden. D.h.: das Rechtssystem schafft Parameter von Gerechtigkeit und wir können mittels dieser Parameter sagen, was zur Beurteilung eines bestimmten Falles richtig ist, auch wenn dieser Fall nicht gesetzlich geregelt wurde[367].

---

[366] In diesem Sinne Jhering, 1984: 53 ff. Jhering unterscheidet zwischen einer natürlichen und einer geschichtlichen Auffassung des Rechtsgefühls, und befürwortet diese letzte, so dass das Rechtsgefühl von einer bestimmten Kultur abhängig sei. Vgl. Jhering, 1984: 74.
[367] In diesem Sinne Kempski, 1992: 154: „Es ist gar kein Gefühl, es ist etwas anderes, das gewiß von Gefühlen begleitet sein kann, aber nicht begleitet zu sein braucht. Es handelt sich nach meiner Überzeugung (...) um eine intuitive Einsicht in die Struktur des Falles, in die angemessenen natürlichen Rechtssätze, das *jus aequum*, das nach den Worten Levin Gold-

Die erste Variante weist auf eine intuitionistische oder emotivistische Moraltheorie hin[368]. Das Gefühl, nicht eine rationale Argumentation, sagt uns, was moralisch richtig ist[369]. Wir werden diese Stellungnahme an sich nicht kritisieren. Es liegt aber auf der Hand, dass sie nicht als akzeptables Argument innerhalb der rechtswissenschaftlichen Diskussion, d. h.: *intra*dogmatisch, sein kann. Auch nicht, wenn man sie mit den sozialen Gerechtigkeitsvorstellungen assoziieren will. Wir haben schon darauf aufmerksam gemacht, dass die Komplexität der dogmatischen Konstruktionen kein unmittelbares Verlegen dieser allgemeinen Vorstellungen in die Dogmatik erlaubt[370]. D.h.: Sie können als Maßstab der Dogmatikkritik dienen, eine Antwort zu systematischen Zweifeln können sie aber nicht geben.

Um das deutlicher zu machen: Ein moralisches Rechtsgefühl kann theoretisch dem Gesetz widersprechen. Man könnte dann argumentieren, es gilt nur innerhalb des gesetzlichen Rahmens. Aber wie? Stellen wir uns vor, das Rechtsgefühl besagt, dass ein bestimmtes Verhalten nicht kriminalisiert werden sollte. Wie könnte es dann gegenüber einer dogmatischen Schwierigkeit zu irgendwelcher Lösung führen? Es könnte dies nicht, weil das Rechtsgefühl nichts mit strafrechtlicher Dogmatik zu tun hat. Es kann nur grob umschreiben, was wir als gerecht oder ungerecht empfinden. Und wir empfinden nicht, dass jemand wegen Versuchdelikts in Konkurrenz mit Fahrlässigkeit bestraft werden sollte, sondern nur, ob jemand dessen schuldig oder nicht schuldig ist. Dies durch eine systematische, an das Gesetz gebundene Argumentation zu verfeinern, ist genau der Sinn der Rechtsdogmatik und nur so kann sie ihre Funktion ausüben, „ein Verfahren zur rationalen Verifizierung der gewählten Entscheidung [bereitzustellen]."[371]

Die zweite Auffassung des Begriffs ist eine Selbsttäuschung. Denn das Rechtsgefühl ist überflüssig. Alles löst sich aus einem dogmatischen Gesichtspunkt. Dieser Fassung zufolge ist das Rechtsgefühl nichts anderes als die Systematisierung selbst. Im Fall der aberratio ictus könnte man z.B. zu einem solchen Schluss gelangen: Diese Situation gleicht einem Versuch; deswegen kann es keine Vollendungsstrafbarkeit gelten. Aber man könnte immer (mit Noll) widersprechen, dass die ratio der Strafbarkeitsverminderung bei dem Versuch mit dieser Lösung inkompatibel ist. Ein Rechtsgefühl, das systematische Inkongruenzen löst, ist ein Selbstwiderspruch. Man beruft sich auf dieses Argument, wenn die Systematik keine Antwort gibt. Und das bedeutet: Sie hat keine Lösung gefun-

---

schmidts jeder Tatbestand des Gemeinlebens, soweit er der Rechtsordnung zugänglich ist, in sich trägt."

[368] Dazu Alexy, 1992: 58 ff. Über Moralgefühle s. Tugendhat, 1993: 20 ff.

[369] Vgl. Jhering, 1984: 69: „Ich fühlte in mir eine Stimme, die mir sagte, das ist Recht, das ist Unrecht."

[370] S. oben 2.2 im Anschluss an Neumann, 1979: 70.

[371] Wieacker, 1970:316.

den. Das Argument führt am Ende zurück zu einem moralischen, vorjuristischen Verständnis des Rechtsgefühls.

Dies kann mit einem Satz Herzbergs exemplifiziert werden, was uns zugleich zur zweiten Etappe unserer Besprechung dieses Arguments führt: „Es handelt sich also, dogmatisch betrachtet, um einen Fall der aberratio ictus, der aber zugleich so starke Züge geradezu der Grundkonstellation des error in persona aufweist, daß man der Sache nur gerecht wird, wenn man die Erheblichkeit der aberratio verneint."[372] Das bedeutet: Dogmatisch gesehen handelt es sich um eine aberratio ictus. Und zugleich: Dogmatisch gesehen handelt es sich um einen error in persona. Denn kein materielles Kriterium außerhalb der Dogmatik bietet „starke Züge der Grundkonstellation des error in persona" an. Das Ergebnis ist: Dogmatisch gesehen sind beide Lösungen akzeptabel, aber ich entscheide mich für eine der beiden, weil es mir so besser gefällt. Und das heißt nicht materielle Bewertung, sondern – Dezisionismus.

Gerade deswegen führt das Argument keinesfalls zu einheitlichen Lösungen[373]. Über die Gleichwertigkeitstheorie sagt Binding, es sei eine Lehre, „die einem Gerechtigkeitsgefühl entsprungen ist, und deshalb zunächst besticht (...)"[374]. Winkelmann vermutet seinerseits, dass die Befürwortung der Unbeachtlichkeit des error in persona und der aberratio ictus von den Juristen des 16., 17. und 18. Jahrhunderts sich daraus ergibt, „dass die Juristen der früheren Jahrhunderte das Irrtums- und Aberrationsproblem mehr mit dem Rechtsgefühl zu lösen suchten, während es die Juristen seit dem 19. Jahrhundert begrifflich und logisch exakter betrachteten."[375] Aber Herzberg nimmt sich die Freiheit, ausgehend von *seinem* Rechtsgefühl die Beachtlichkeit der aberratio ictus in manchen Fällen zu deduzieren.

Innerhalb der aberratio ictus-Diskussion wirkt das Rechtsgefühl als Argumentationsbruch. Es versperrt den Weg für weitere Argumente. Näher betrachtet, gibt es kein Verhältnis zwischen ihm und den Argumenten erster Stufe. Die Lösung ist so willkürlich, dass sie keine andere Argumentation benötigt und wir bekommen am Ende den Eindruck, diese Argumente stehen nur da, um unsere juristische Empfindlichkeit zu befriedigen.

Bevor wir diesen Abschnitt abschließen, sei hier noch eine Bemerkung gemacht. Das Gesagte soll nicht die Gültigkeit des Begriffs aus hermeneutischer Sicht leugnen[376]. Dass man nur durch den Filter der eigenen moralischen Überzeugungen und der eigenen juristischen Bildung eine Entscheidung trifft, wurde schon früher ausgeführt. Das Problem ist, dieses Argument ins Positive umzuwandeln, und zwar nicht in Gadamers Sinn – also, dass es nur auf diese Weise möglich ist,

---

[372] Herzberg, 1981: 472.
[373] Vgl. Geppert, 1992: 164.
[374] Binding, 1918: 225, Fn. 14.
[375] Winkelmann, 1967: 94.
[376] Vgl. Esser, 1972: 31.

überhaupt weiterzugehen –, sondern als ob es in der Lage wäre, eine Entscheidung zu rationalisieren. Rechtsgefühl ist dann nicht mehr als ein ideologisches Argument, um die eigenen Überzeugungen zu bestätigen. Als ideologisches Argument kann es immer in sein Gegenteil verändert werden, also: im Namen der Gerechtigkeit Ungerechtigkeit schaffen. Im Anschluss an unser Beispiel sieht es folgendermaßen aus: Wie sollten wir jemandem erklären, dass er schwerer bestraft wird, weil wir denken, dass zwei mögliche Lösungen akzeptabel wären, wir uns aber für die eine der beiden, die schwerere, entschieden haben? Und wie könnten wir ihm erklären, das sei gerecht?

Um diese Gefahr ein wenig schärfer zu formulieren: „Der Nazi berief sich ebenfalls auf Rechtsgefühl, das Lynchgericht tut dergleichen schon längst. Wenn die weißen Machthaber und Babbits der amerikanischen Südstaaten ihren Drang nach Gerechtigkeit spüren, beginnen alle Neger mit Grund zu zittern."[377]

4.12 Die Kriminalpolitik

„Aus alledem wird klar, daß der richtige Weg nur darin bestehen kann, die kriminalpolitischen Wertentscheidungen in das System des Strafrechts so eingehen zu lassen, daß ihre gesetzliche Fundierung, ihre Klarheit und Berechenbarkeit, ihr widerspruchsfreies Zusammenspiel und ihre Auswirkungen im Detail hinter den Leistungen des formal-positivistischen Lisztscher Provenienz nicht zurückstehen."[378] So die Überlegungen Roxins über die Beziehung zwischen Strafrechtsdogmatik und Kriminalpolitik, die eine „Synthese" von beiden bringen sollte[379]. In unserem Zusammenhang ist dieser Versuch noch bedeutungsvoller, weil er zur Dogmatik eine andere Möglichkeit jenseits des „Auswegs" der „Wertungskorrektur" einer positivistischen Verbrechenslehre anbieten will[380].

Ein anspruchsvolles Ziel. Um die Realisierbarkeit dieses Ziels zu erforschen, muss beantwortet werden, was unter Kriminalpolitik zu verstehen ist (4.121); wie sich „Kriminalpolitik" und Rechtsdogmatik zueinander verhalten (4.122); und schließlich, wie die „Kriminalpolitik" zur Lösung praktischer Probleme der Strafrechtsdogmatik beitragen kann und im Bereich der Vorsatzdogmatik beigetragen hat (4.123).

4.121 Was ist Kriminalpolitik?

Sucht man in dem wichtigen Beitrag von Roxin nach einer Antwort auf die Frage, was Kriminalpolitik ist, findet man keine. Sehr allgemein könnte man mit

---

[377] Bloch, 1999: 18.
[378] Roxin, 1970: 10.
[379] Ebd.
[380] Roxin, 1970: 8.

Naucke versuchen, eine Antwort im Anschluss an §§ 46 StGB, 2, 3, 129, 136 StVollzG zu geben: „Kriminalpolitik ist Strafbekämpfung (...) Kriminalpolitik will zweckmäßiges Strafen als Beitrag zur Erhaltung des status quo."[381] Diese Definition greift auf die Strafzwecke zurück. Diese sind aber meistens im Gesetz grob definiert, und werden von der strafrechtlichen Literatur, nicht vom Gesetzgeber, definiert. Sie würde das Problem in die Strafrechtsdogmatik zurück verlegen.
Jedenfalls ist eine solche Definition zu allgemein. Wenn man Kriminalpolitik mit Gesetzgebung assoziiert, wird sie, kohärent gedacht, durch jedes neue Kriminalgesetz umgebaut. Kriminalpolitik ist kontingent. Um eine feste Definition zu haben, wäre es notwendig, auch eine einheitliche Gesetzgebungslinie festlegen zu können oder mindestens eine allgemeine Logik in dieser Entwicklungslinie festzustellen. Nur so wäre es darüber hinaus zu erwarten, dass sie einen Beitrag zur Verbrechenssystematik mit Anspruch auf Stabilität bietet, so dass den traditionellen dogmatischen Kategorien „kriminalpolitische Funktionen" zugeordnet werden[382]. D.h.: Man müsste unter Kriminalpolitik eine bestimmte, begrenzte programmatische Linie des politischen Lebens eines Rechtsstaats verstehen. Dies ist aber nicht möglich.
Strafrechtsreformen werden von innenpolitischen Umständen, die nichts mit strafrechtlichen rationalen Konstruktionen zu tun haben, geprägt. Die Strafrechtswissenschaft ist keine „Lehrmeisterin des Strafgesetzgebers"[383]. „Strafrecht, Straftheorie, Verfassungsinterpretation und Strafrechtsreform sind Folgen der Innenpolitik eines Staates. Nicht: Strafrecht und Strafrechtsreform bedienen sich der Innenpolitik und prägen sie; sondern: erst ist eine bestimmte Innenpolitik da, die zu einer bestimmten Strafrechtsauffassung und damit zu einer bestimmten Strafrechtsreform führt."[384] Davon eine Leitlinie zu erwarten, ist selbstverständlich vergeblich[385]. Der Rückgriff von der Strafrechtsdogmatik auf die Kriminalpolitik bedeutet, so gesehen, entweder mit einer Fiktion zu arbeiten oder sich jeder kontingenten Gesetzreform zu beugen und somit jede Rationalisierung preiszugeben. „Jede Kriminalpolitik kann gesetzlich werden."[386] Beide

---

[381] Naucke, 1989: 862.
[382] Roxin, 1970: 40. Zu diesem systematisierenden Anspruch vgl. Moccia, 1995: „Aufgabe des Systems wird daher die Suche nach stoffadäquaten Wertungen, ihre Beschreibung und, um Klarheit zu schaffen, ihre Einordnung in strukturelle und normative Zusammenhänge."
[383] v. Liszt, 1984: 121.
[384] Naucke, 2000: 402. Auch skeptisch gegenüber dem wissenschaftlichen unmittelbaren Einfluss auf die Politik Amelung, 1980: 64.
[385] Naucke, 1989: 864: „So hat man sich im 20. Jahrhundert daran gewöhnt, zunächst eine politische Mehrheit als rechtfertigende Grenze für eine Kriminalpolitik anzusehen und die Auffassungen dieser Mehrheit dann in Gesetzlichkeit zu überführen."
[386] Naucke, 1989: 865.

Möglichkeiten schließen ihre Anwendung als Basis des dogmatischen Deliktsaufbaus aus.

4.122 Das Verhältnis zwischen Kriminalpolitik und Strafrechtsdogmatik

Der Anspruch einer Einbeziehung von kriminalpolitischen Zwecken in die Strafrechtsdogmatik entspricht einem Harmoniemodell durch die Annullierung des materiellen Strafrechtsinhalts[387]. Das ist umso gravierender, insofern wir nicht wissen, was unter Kriminalpolitik zu verstehen ist.
Dieses Harmoniemodell führt zu der Konsequenz, dass Kriminalpolitik nicht innerhalb der wissenschaftlichen Diskussion problematisiert wird[388]. Sie ist der Zweck der Dogmatik, diese wird in Bezug auf die Kriminalpolitik problematisiert, aber nicht umgekehrt. Allerdings hat die Strafrechtsdogmatik eigene Zwecke, die an die Rationalisierung des Verantwortungsprozesses auf der Basis einer gerechten Zurechnung gebunden sind[389] und die zur Einschränkung kriminalpolitischer Zwecke dienen könnten[390]. Dies wird zugunsten von kriminalpolitischen Zwecken natürlich aufgegeben[391].
Dieses Modell ist außerdem faktisch unzutreffend. Die Gesetzesauslegung setzt schon eine Spannung zwischen Gesetz und Wirklichkeit voraus[392]. Diese Spannung sollte von der Strafrechtsdogmatik bearbeitet, nicht verdrängt werden. Indem sie nur auf einer unterlegenen Ebene in Bezug auf die Kriminalpolitik betrachtet wird, kann die Dogmatik diese Funktion nicht leisten[393].
Die so genannte „Kriminalpolitik" erfährt hier außerdem die gleiche Schwierigkeit der unmittelbaren Inkorporierung des Rechtsgefühls zur Lösung dogmatischer Probleme, nämlich: Sie ist dafür nicht ausreichend komplex, nicht genug entwickelt. Kriminalpolitik, auch wenn man mit diesem Begriff arbeiten will, besagt nur, welche allgemeinen Zwecke die Strafrechtsdogmatik verfolgen soll-

---

[387] Wir sehen darin deswegen nicht zwei Thesen, wie Mantovani (1997: 17), sondern nur eine und dieselbe.
[388] Hassemer, 1974: 26.
[389] Hassemer, 1974: 36; vgl. weiter Amelung, 1980: 36.
[390] In Bezug auf eine ontologisch basierende Strafrechtsargumentation vgl. dazu Hernández, 2001: 83 f.
[391] Vgl. Hassemer, 1989: „Ein funktionalistisches Strafrechtsdenken kann sich zur Kriminalpolitik hin nicht abgrenzen, weil die Kriminalpolitik zu seinen zentralen Interessen gehört, weil es selber output-orientiert ist. Die Kosten dieser Entwicklung sind nicht gering: Unverfügbare Rechtspositionen, wie sie jedem naturrechtlichen Denken selbstverständlich sind als kritischer Maßstab richtiger Rechtspolitik, gehen einer funktionalistischen Betrachtungsweise verloren, können sich in Abwägungsprozessen nur verfügbar und von Fall zu Fall behaupten."
[392] Hassemer, 1974: 36 f.
[393] Die Kriminalpolitik absorbiert jede mögliche limitierende Funktion und wandelt sie in ihrem Zweck um. In diesem Sinne kann man wie Mantovani (1997: 18, 23) von einer Substitution der Strafrechtsdogmatik durch die Kriminalpolitik sprechen.

te, aber nicht, wie jedes Problem zu lösen sei. Schon die Schwierigkeit einer politischen Übersetzung der rechtswissenschaftlichen Sprache und einer Rückübersetzung dieser in die Umgangsprache bedeutet eine Barriere[394]. Diese Barriere löst sich nicht auf, indem man behauptet, dass ein funktionales Strafrechtsystem alle diese Probleme ins Gleichgewicht bringt. Wenn man weder bestimmt, was Kriminalpolitik ist, noch ihre Funktionen von denen der Strafrechtsdogmatik abgrenzt, kann man nicht für ein wechselseitig limitierendes Modell plädieren[395]. Es bleibt nichts anderes übrig, als anzuerkennen, dass der Aufbau dieses Systems auf Willkür basiert.

4.123 Der „kriminalpolitische" Beitrag zu Problemen der Vorsatzzurechnung

Wir haben schon nachgewiesen, dass der Versuch, die aberratio ictus-Probleme im Anschluss an kriminalpolitische Zwecke zu behandeln, frustrierend ist[396]. Er leidet unter dieser ungenügenden Entwicklung der Kriminalpolitik, dogmatische Probleme zu lösen. Hier sei nochmals bemerkt, die „Kriminalpolitik" rationalisiert die dogmatischen Entscheidungen nicht. Auch ihre dogmatische Verwirklichung durch das Plankriterium Roxins oder durch den „materialen Maßstab" Prittwitzs hat sich als durchaus willkürlich gezeigt. Wenn Roxin mit seinem Programm beansprucht, eine neue Methode aufzubauen, die nicht mehr von „Wertungskorrekturen" abhängig wäre, schafft er dies nicht in dem Sinne, dass es diese Korrekturen nicht mehr gibt. Aber doch in dem Sinne, dass ihre Erscheinungsform selbst umstrukturiert wird, um ein vollkommenes, selbstkorrigierendes wissenschaftliches System aufzubauen. Indem es seine Willkürlichkeit verdrängt, ersetzt das Motto „Kriminalpolitik" mit Vorteil die alten „Wertungskorrekturen" und das diskreditierte Rechtsgefühl. Es ist „wissenschaftlicher". Ehrlich gesehen kommt man jedoch damit nicht weiter voran.

4.13 Die Wissenschaftlichkeit

Am Ende des vorigen Abschnitts über das Rechtsgefühl haben wir eine Frage so formuliert: Wie sollten wir jemandem erklären, dass er schwerer bestraft werden soll, weil wir denken, dass zwei mögliche Lösungen akzeptabel wären, wir uns aber für eine der beiden, die schwerere, entschieden haben?

---

[394] S. dazu Habermas, 1963: 132. In spezifischem Bezug auf die Strafrechtswissenschaft vgl. Noll, 1980: 75.
[395] Für ein solches Modell, in dem die Strafrechtsdogmatik kriminalpolitische Entscheidungen korrigieren könnte, plädiert z.B. Amelung, 1980: 38.
[396] S. oben 1.1222 zu den Versuchen Prittwitzs und Roxins.

Die Gegenfrage, wenn wir diesen Versuch unternähmen, ist die folgende: Aber mit welcher *Autorität* haben wir entschieden? Und die nahe liegende Antwort: als Wissenschaftler!
In diesem Abschnitt werden wir uns mit der Frage der Wissenschaftlichkeit der Rechtswissenschaft nicht beschäftigen[397], auch weil wir dies mit Ulfrid Neumann für ein Scheinproblem halten[398]. Die Wissenschaftlichkeit interessiert uns hier als strategisches Argument in der dogmatischen Diskussion.
Dieses Argument wird in zwei komplementären strategischen Flanken gebraucht: Einerseits besagt es, dass die Rechtsdogmatik durch eine objektive Methode zu richtigen, rationalen Entscheidungen führt[399]; andererseits erhält die Dogmatik von dieser methodologischen Überlegenheit her einen Autoritätscharakter, der sie von weiteren Erklärungen befreit[400].
Der „den Rechtsstoff lückenlos umfassenden dogmatischen Entfaltung"[401] wird ein so starker Glauben abgeleitet, dass die Rechtswissenschaft sogar mit der Astronomie ernsthaft (!) verglichen wird[402]. Die anderen, vorher analysierten Rettungsversuche verbinden sich auch mit diesem wissenschaftlichen Anspruch; sie sollen die Vollkommenheit des wissenschaftlichen Systems garantieren. Kriminalpolitik ist z.B. nicht unabhängig von dem System, sondern als Systemgrundlage zu verstehen. Die Korrektur muss miteinbezogen werden.
Dem Autoritätscharakter entspricht freilich ein Modell, das an das naturwissenschaftliche[403] Ideal von Objektivität[404] mehr oder weniger geknüpft ist. Es liegt auf der Hand, dass dieses Modell völlig unangemessen für die Betrachtung der Rechtswissenschaft ist. Die Kritik dieses wissenschaftlichen Ideals steht aber jenseits der Grenzen dieser Arbeit und ist für unsere Analyse eigentlich nicht nötig[405]. Hier sei nur darauf aufmerksam gemacht, dass Wissenschaftlichkeit als

---

[397] Dazu Kaufmann, 1984d: 119 ff; zu Kriterien der Wissenschaftlichkeit der Strafrechtsdogmatik s. Langer, 1990: 435 ff.
[398] Neumann, 2004a: 10; ders., 1979: 42.
[399] Puppe (1992: 19) zufolge ist Aufgabe der Rechtswissenschaft, Intuition und vorstrafrechtliche Wertungen methodologisch zu überprüfen und in Theorie zu verwandeln. Aber wie? Das wird so postuliert, als ob man über ein sicheres Kriterium für diese Überprüfung verfügte, wenn in der Wirklichkeit eine Wertung durch eine andere ersetzt wird. D.h.: Man kann die Richtigkeit einer Rechtstheorie nicht *verifizieren*.
[400] Vgl. die Kritik von Lyotard (1989: 19) an den „Wissenschaftsstaat": „die Realität erkennt er nur als methodisch ermittelte, und er verfügt über das Monopol der Ermittlungsverfahren bezüglich der Realität."
[401] Schünemann, 2001: 5.
[402] Puppe, 1992: 12.
[403] Ausdrücklich v. Liszt, 1984: 117.
[404] Zur Kritik des „Mythos" der wissenschaftlichen Objektivität in der Rechtswissenschaft im Anschluss an Popper vgl. Sabete: 1999: 95 ff., 109.
[405] Dazu können wir uns auf Gadamers (1990: 177 ff.) Beitrag zum Verständnis der Geisteswissenschaften oder auf Adornos/Horkheimers (1997: 25 ff.; Horkheimer, 1991c: 27 ff.) Analyse der instrumentellen (subjektiven) Vernunft beziehen. Über das von den „Humanwissen-

opportunistisches Argument in die dogmatische Diskussion eingeführt wird, um schon die Infragestellung der Gerechtigkeit des Ergebnisses zu diskreditieren.
„Nach der Philosophie des durchschnittlichen modernen Intellektuellen gibt es nur eine Autorität, nämlich die Wissenschaft, begriffen als Klassifikation von Tatsachen und Berechnung von Wahrscheinlichkeiten. Die Feststellung, daß Gerechtigkeit und Freiheit an sich besser sind als Ungerechtigkeit und Unterdrückung, ist wissenschaftlich nicht verifizierbar und nutzlos."[406]

4.2 Bilanz: Dezisionismus in der strafrechtlichen Diskussion

Die Analyse der Argumente zweiter Stufe hat gezeigt, dass sie zur Lösung der Probleme der Vorsatzzurechnung nicht beitragen können. Sie stellen Versuche dar, um den Mangel an Kohärenz der Argumente erster Stufe zu korrigieren, leiden jedoch unter ähnlichen Schwierigkeiten.

Das bedeutet, dass die dogmatischen Entscheidungen nicht durch eine rationale Argumentation getroffen werden, sondern umgekehrt: Die Entscheidung kommt vor der Argumentation; diese ist ein bloßer Versuch, jener den Schein von Rationalität zu verleihen. Die Strafrechtsdogmatik enthält ein entscheidendes Moment von Dezisionismus. Damit verliert sie ihre beanspruchte rationale Legitimation.

---

schaften" vorausgesetzte technologische Modell des Verhältnisses von Denken und Sprache s. Lyotard, 1989: 42: „Das Denken ist zweckbestimmt, die Sprache liefert dem Denken die Mittel (...)".
[406] Horkheimer, 1991c: 44.

5. Das Netz: Der strafrechtliche Diskurs

5.1 Die Zerbrechlichkeit des strafrechtlichen Diskurses: Gerechtigkeit vor einem Hintergrund von Inkongruenzen

Die Strafrechtsdogmatik ist nicht fähig, eine gerechte Lösung zum Problem der Vorsatzzurechnung anzubieten. Dies ist nur intern, in Bezug auf die wissenschaftlichen Argumente gemeint. D.h.: nicht die Gerechtigkeit der Praxis des Strafrechtssystems, sondern seine theoretischen Grundlagen führen zu diesem Schluss. Die strafrechtliche Argumentation über die Vorsatzzurechung schafft nicht Gerechtigkeit, weil sie auf einer Sequenz von Inkongruenzen und Täuschungsargumenten basiert. Die Argumentation, die zur rationalen Begründung dogmatischer Entscheidungen dienen sollte[407], bedient sich selbst irrationaler Argumente. Wenn man Argumentation und Begründung als Rationalitätsmodelle[408] versteht, führt diese Feststellung zu der Konsequenz, dass die strafrechtliche Dogmatik als strafrechtlicher Diskurs irrational ist.

„Betrachten wir genauer, was von einer positiven Rechtsordnung verlangt wird. Sie soll praktikabel sein, und das heißt im Zusammenhang mit der Forderung nach ihrer Gerechtigkeit vor allem: der Richter muß im Konfliktfalle sachgemäß entscheiden können."[409] Aber was bedeutet sachgemäß? In einem Strafrechtsmodell, das sich auf argumentative Grundlagen gründet, kann sachgemäß im Sinne einer rational begründeten Entscheidung verstanden werden. Da die Rationalität von dieser Begründung abhängt, kann eine irrationale Argumentation selbstverständlich nicht zu gerechten, sachgemäßen Lösungen führen. Anders wäre es z.B. in einem Offenbarungsmodell von Strafgerechtigkeit, aber dann wäre es überhaupt sinnlos, ein dogmatisches System aufzubauen.

Dies kann zu zwei Thesen – oder besser gesagt: zu zwei Varianten einer These – führen. Die schwache Variante besagt, dass aus interner Perspektive das heutige Strafrecht ungerecht ist und die Strafrechtsdogmatik zu ungerechten Ergebnissen führt. Die starke Variante besagt, Strafrecht – oder Recht – ist per Definition un-

---

[407] S. Schnädelbach, 2000: 263: „Will man darum dem Terminus ‚Argumentation' eine schärfere Kontur geben, empfiehlt es sich, ihn zumindest typologisch für die *Metaebene* zu reservieren: Es geht dann in der Redehandlung ‚Argumentation' nicht primär um Sachverhalte, die als bestehende behauptet, vermutet, erwartet etc. bzw. herbeizuführen oder nicht herbeizuführen sind, sondern um das Behaupten, Vermuten, Erwarten etc. bzw. um das Herbeiführen oder Nichtherbeiführung von Sachverhalten, und zwar im Hinblick auf die damit verbundenen oder durch sie erhobenen Geltungsansprüche."
[408] Zu Begründung und Argumentation als Rationalitätstypen s. Schnädelbach, 2000:259 ff., 262 ff.
[409] Kempski, 1992: 150.

gerecht[410]. Die Möglichkeit seiner Gerechtigkeit schließt die Unmöglichkeit seiner Gerechtigkeit ein.
Das Ziel dieser Untersuchung war zu zeigen, dass entweder die eine oder die andere Variante zutrifft. Wir werden uns aber hier für keine der beiden entscheiden. Dem Strafrechttheoretiker bleibt jedoch nur eine Alternative übrig, und zwar, nach der Möglichkeit von Gerechtigkeit, auch innerhalb dieser Systematik, zu suchen. Das ist ein *praktisches* Problem: Man muss weiter gehen. Dem strafrechtlichen Diskurs stehen zwei gleichermaßen schwierige Wege offen: Entweder der Verzicht auf jede Systematik, oder die Affirmation der bestehenden Ungerechtigkeit.

5.2 Systematik und Antisystematik als Lösung

Es lässt sich mehr als intuitiv erfassen, dass die Preisgabe der Argumentation und der dogmatischen Systematik nur zu mehr Irrationalität führen würde. Dass wir den strafrechtlichen Diskurs problematisieren können, hängt mit der Tatsache zusammen, dass sich ein Diskurs, wenn auch irrational, problematisieren lässt.
Es ist möglich, zwischen dem Problem der Systematik im inneren, dogmatischen Kreis des Rechts und dem Problem der Legalität im äußeren Kreis eine Parallele festzustellen. Dann könnten die Überlegungen Adornos über die Spannung zwischen der Ungerechtigkeit des bestehenden Rechts und der Unmöglichkeit des Verzichts auf das Recht die interne Sphäre der Rechtssystematik berühren: „Während die Gesellschaft ohne Recht, wie im Dritten Reich, Beute purer Willkür wurde, konserviert das Recht in der Gesellschaft den Schrecken, jederzeit bereit, auf ihn zu rekurrieren mit Hilfe der anführbaren Satzung."[411] In ähnlichem Sinne beschreibt Franz Neumann die Entwicklung des Rechts im National-Sozialismus als einen Prozess progressiver Steigerung der Willkür, der zu politischem Dezisionismus im Interesse des Staats und des Terrors führt[412].
Also: Die Aufgabe besteht darin, innerhalb einer irrationalen Systematik Wege zur Gerechtigkeit zu weisen. Diese Wege können selbstverständlich nur punktuell auftauchen. Diese Wegweisung kann nur mittels antisystematischer Bearbeitung der Systematik gelingen. Sie ist die letzte Möglichkeit für das Eindringen des Lichts durch das Netz.

---

[410] So anscheinend die These Derridas (1991: 46 ff, insb. 48). Zur Interpretation Derridas s. Menke, 2004: 119 ff. Zur Kritik Neumann, 2001: 110.
[411] Adorno, 2003a: 303.
[412] Neumann, 1977: 509ff.

5.3 Basis und Umstrukturierung der Argumentation um die Vorsatzzurechnung: der Grundsatz in dubio pro reo

Die hier vorgeschlagene Umstrukturierung der Vorsatzzurechnung ist ein antisystematischer Ansatz. Dies bedeutet nicht, auf die Systematik zu verzichten, sondern sie zu negieren. Negation impliziert die stetige Möglichkeit von kritischer Revision; sie neigt zu keiner Synthese. Kein materielles Korrekturprinzip wird das Problem der Ungerechtigkeit der Systematik lösen. Das anzunehmen wäre ein Rückschritt in Richtung Dezisionismus. Eine Dezision gegen die andere.

Vor der Alternative zwischen der „Affirmation des positiven Strafrechts mit der Fähigkeit zu Grenzkorrekturen" und „im Prinzip kritisch-distanzierter Wägung des positiven Strafrechts"[413] ist die vorliegende Kritik der zweiten Möglichkeit selbstverständlich näher, entscheidet sich aber für keine der beiden. Es ist nicht zu akzeptieren, dass eine Wägung distanziert sein könnte, weil dies zurück zur Einbeziehung überlegener Werte führt, die als Maßstab der Kritik gelten sollen. Zu unserer kritischen Umstrukturierung der Vorsatzzurechnung gehört das Bewusstsein, dass sich die systematischen Paradoxien in keiner Synthese lösen lassen.

Der Vorschlag einer Umstrukturierung der Vorsatzzurechnung wird hier von zwei kritischen Arbeitsmodellen Gebrauch machen. Das eine Modell ist ein Block antifunktionaler Festlegungen, die als Leitlinien einer Zurechnungsargumentation gelten sollen (5.31). Er beinhaltet sechs Thesen, die einer negativen Begrenzung der Vorsatzzurechnung dienen. Das zweite Modell ist ein negativer Grundsatz zur konstanten Kritik des systematischen Verbrechensaufbaus (5.32).

5.31 Skizze der Orientierungsgrundlagen der Vorsatzzurechnung. Thesen

(i) Der Zurechnungsprozess soll sich an dem „geltungsreflektierenden menschlichen Subjekt"[414] orientieren. Nicht nur, dass kein anderer spezifischer Begriff von „Zurechnungssubjekt" akzeptabel ist[415], sondern auch, dass dieses Subjekt auch aktiv an der Grenzziehung dieses Prozesses beteiligt ist. Es darf nicht von diesem Prozess ausgeschlossen werden, sei es im Rahmen des Strafverfahrens oder im Aufbau der Struktur der Zurechnung von der Strafrechtstheorie[416]. Die-

---

[413] Naucke, 1998: 275.
[414] Der Ausdruck ist von Köhler, 1991: 75.
[415] Köhler, 1991: 75. Das Risiko der Anerkennung eines solchen „Zurechnungssubjekts" ist jedoch größer als die von Köhler gezielte und bekämpfte Verbandsstrafbarkeit.
[416] Das lässt sich aus der konstitutiven Beteiligung des bürgerlichen Subjekts bei der Festlegung des positiven Rechts innerhalb einer Demokratie von selbst ableiten, insofern ihre öffentliche und Privatautonomie sich vermischen und ergänzen, und somit sie sich als ihre Schöpfer und Empfänger verstehen können. Dazu Habermas, 1997: 298.

ses Subjekt ist nicht kriminalpolitisch bestimmt[417]. Seine politische Partizipation ist konstitutiver Teil seiner öffentlichen Fähigkeit und er, als Mensch, wird selbstverständlich kriminalpolitisch betrachtet. Die Kriminalpolitik, auch wenn sie kohärentes einheitliches Subjekt eines Satzes sein könnte – und das ist nicht der Fall –, hätte keine Autorität, das menschliche Subjekt zu definieren.
(ii) Andererseits muss man sich bewusst sein, dass sich die Erfolgshaftung am gegensätzlichen Pol der Vorsatzzurechnung befindet. Eigentlich ist die Vermeidung der Erfolgshaftung der Sinn selbst der Existenz einer subjektiven Zurechnung[418].
Wenn die „wesentliche Idee" der modernen funktionalen Lehre als „die Entsubjektivierung aller Zurechnungsbegriffe und somit die Zusammenführung des Mittels der Strafe – der Zurechnung – mit ihrem Zweck, seil der Stabilisierung der durch den Normgeber gesetzten Sollensregeln"[419] bezeichnet werden kann, ist diese „wesentliche Idee" unakzeptabel. Eine Entsubjektivierung stößt ins Leere, denn Zurechnung lässt sich nur begreifen, indem sie sich an einem Subjekt orientiert. Die Elimination des Subjekts bedeutet nicht seine reelle Beseitigung, sondern die Zuschreibung von Verantwortlichkeit auf der Basis eines inquisitorischen Modells. Entsubjektivierte Zurechnung ist eine autoritäre Fiktion.
(iii) Damit wird nichts gegen die Entpsychologisierung von Begriffen gesagt, die eine effiziente Methode zur Rationalisierung des Zurechnungsprozesses sein kann.
(iv) Der Vorsatzbegriff ist nicht psychologisch, sondern normativ zu erfassen. Dies ist eine banale Feststellung und bedeutet keine Veränderung in der aktuellen wissenschaftlichen Behandlung des Vorsatzes. Ein voluntatives Element, wie psychologische Daten wird natürlich auch normativ berücksichtigt, indem es zu einer rationalen Erklärung der Handlung beitragen kann. Jedenfalls ist die Vorstellung des Täters so unantastbar wie sein Wille.
(v) Es müssen klare Kriterien festgelegt werden, die die Vorsatzzurechnung bestimmen[420]. Diese Kriterien sollen sich zugleich auf die diskursiven Bedingungen und auf die allgemeinen Grundlagen einer strafrechtlichen Zurechnung beziehen. Die Formulierung dieser Kriterien konstituiert, ist aber zugleich selbst das Ziel eines Zurechnungsprozesses, indem er auf Gerechtigkeit zielt[421].

---

[417] So aber Jakobs, 1993: 523. Kritisch dazu Fabricius, 1998: 60 ff.
[418] Dazu s. Hassemer, 1990, 218 ff. Zum Zusammenhang von „Beurteilung des Inneren„ und Strafgerechtigkeit s. schon Marezoll 1856: 95. Hinsichtlich der Probleme, die sich mit dem Kausalverlauf verbinden, aberratio ictus inklusiv, warnt Köhler (1991: 79 f.) vor einer Tendenz zur „dolus-generalis-Doktrin", d. h. sie rein objektiv, ohne Rücksicht auf die Kriterien der subjektiven Zurechnung zu betrachten.
[419] Heuchemer, 2005: 279.
[420] Koriath, 1994: 98.
[421] Man könnte die Frage stellen, ob die Zurechnung eine Funktion oder ein grundlegendes Prinzip ist, wie es Koriath (1994: 101 ff.) in Bezug auf die Modelle von Loening, Larenz,

(vi) Da dieses Ziel nicht erreicht werden kann, muss der Zurechnungsprozess das Bewusstsein seines eigenen Scheiterns beinhalten[422].

5.32 In dubio pro reo: ein negativer Grundsatz

Es handelt sich hier darum, den ganzen strafrechtlichen Diskurs an dem Grundsatz in dubio pro reo umzuorientieren, den Grundsatz in das Straftatsystem[423] vollständig[424] miteinzubeziehen. Dies ist ein Rationalitätsverlangen[425], das einer Begrenzungsdogmatik dient[426].

Dies kann nicht positiv, sondern nur negativ gedacht werden. So ist in dubio pro reo weniger als „Legitimationsprinzip"[427] und mehr als Delegitimationsprinzip zu verstehen. Er ermöglicht immer die Revision der Systematik, ist aber kein Korrekturprinzip. Wenn er so begrenzt und definiert ist, dass er eine bestimmte Korrekturfunktion annehmen kann, verliert er seine kritische Potenz und gerät in die Gefahr, so leer wie die in Kapitel 4 genannten Versatzstücke zu sein.

Ein Modell wie das Zaffaronis[428], das für ein Verständnis der Verbrechenslehre als Filter gegen die Irrationalität der Strafgewalt plädiert, verkennt die Tatsache, dass die Irrationalität schon in diesem Instrumentarium liegt. Der Versuch, den

---

Hardwig, Hruschka und Kelsen macht. Hier nehmen wir an, dass sie als Funktion, und zwar als Kontroll- oder Begrenzungsfunktion zu verstehen ist, die von allgemeinen Prinzipien geleitet wird.

[422] Vielleicht kann eine Parallele zwischen diesem Gedanken und der Menkeschen (2004: 132) Interpretation von Derrida gesehen werden, was seinerseits zeigt, dass die oben genannten schwache und starke Thesen nicht so getrennt voneinander verstanden werden sollten: „Nur eine Praxis des Entscheidens, die das weiß und in ihre Form aufnimmt, indem sie sich des Zusammenhangs von Gerechtigkeit und Unentscheidbarkeit bewusst wird, kann gerecht sein. Die Aporie besteht also darin, dass wir den Glauben an unsere Praxis haben *und* zugleich preisgeben müssen." Hervorhebung im Original.

[423] Dazu grundlegend Marxen, 1984: 343 ff., 345: „Eine Straftatlehre, die die Praktizierung staatlicher Strafgewalt anleiten soll, muß daher einen konstitutiven Straftatbegriff entwickeln. Sie muß den Prozeß als Entstehungsbedingung der Straftat mit umfassen. Die für die Überwindung der Unschuldsvermutung unerläßlichen prozessualen Voraussetzungen sind als Straftatelemente zu behandeln." Weiter zur Einbeziehung prozeduraler Grundsätze in die Straftatlehre Neumann, 1989: 73. Zum Thema der Möglichkeit eines integrierten gesamten Strafrechtssystems vgl. ferner die Besprechung Nauckes (1998: 263 ff.) des von Wolter und Freund herausgegebenen Sammelbandes *Straftat, Strafzumessung und Strafprozeß*.

[424] Marxen, 1984: 344.

[425] Marxen, 1984: 346.

[426] Dies steht einer „Nachzeichnungsdogmatik" gegenüber und ist als „Versuch, dem sorgfältig zur Kenntnis genommenen positiven Strafrecht mit Richtigkeitsansprüchen entgegenzutreten". Vgl. Naucke, 1998: 271.

[427] Ebd.

[428] Zaffaroni, 2000: 356 ff.

bestehenden Apparat der Strafrechtsdogmatik umzukehren, ist deswegen idealisierend. Er bleibt in der Positivität.
Eine konstruktive Seite könnte man darin sehen, dass das Prinzip theoretisch vor den dogmatischen Kategorien gedacht werden kann und auf dieser Weise zu ihrer Konstruktion beitragen kann. Das gilt z.B. für die gesamte Feststellung der Tatsituation bei dem Vorsatzbegriff, nicht nur im Sinne seines prozessualen Beweises, sondern auch als Leitungsprinzip in der Konstruktion der Vorsatzfigur selbst. Genau das gleiche wird für die aberratio ictus im folgenden Abschnitt postuliert. Aber sogar bei diesen Fällen besteht die Negativität des Modells jedenfalls darin, dass die Kategorien nicht durch das Prinzip in kritische Maßstäbe umgewandelt werden. Sie verwirklichen nämlich die gleichen Aufgaben, wofür sie aufgebaut wurden, ohne falsche Illusionen. Somit können die dogmatischen Konstruktionen in jedem Moment der Straftatlehre oder des Strafverfahrens durch den Grundsatz in dubio pro reo wieder beurteilt werden[429].

5.4 Zum spezifischen Bereich der aberratio ictus. Kleine Anwendungsmodelle

Die aberratio ictus ist ein Beispiel der Ungenügsamkeit dogmatischer Konstruktionen. Der Grundsatz in dubio pro reo soll hier auch konstitutiv zum Aufbau dieser Figur wirken. Wenn innerhalb einer dogmatischen Schwierigkeit kein Grund für eine Entscheidung in die eine oder die andere mögliche Richtung besteht, besagt das Prinzip, dass die Lösung des Problems nicht zur Bestrafung oder nicht zur schwereren Bestrafung führen kann.
Bei den Nebenproblemen kann dies sehr schematisch und weniger allgemein betrachtet werden. Je weniger der Täter die Kontrolle des Kausalverlaufs hat, desto weniger sinnvoll ist die Zurechnung wegen eines vollendeten Verbrechens zu bejahen. Das gilt sowohl für die Fälle von Teilnahme, mittelbarer Täterschaft und Mittäterschaft, als auch für die Fälle, in denen der Täter keine sinnliche Wahrnehmung des Opfers hat. Hier ist absolut unakzeptabel, von Unerheblichkeit zu reden.
Die actio libera in causa ist eine dogmatische Fiktion zur Rationalisierung einer unter allen Perspektiven ungerechtfertigten Zurechnung. Das Vorliegen einer aberratio ictus oder eines error in persona in dieser Situation bestätigt zusammen mit der Unzurechnungsfähigkeit des Täters den inquisitorischen Charakter der

---

[429] Bei der Gesamtfeststellung der Tathandlung bei der Vorsatzzurechnung würde z. B. das Prinzip so wirken: Eine Konzentration der Zurechnung auf die objektive Gefahr könnte in einigen Fällen zu angemesseneren Lösungen führen als die Berücksichtigung der Absichten der Täter. Ohne diese kritische Barriere führt die Verabsolutierung eines solchen Kriteriums zum Gesinnungs- und Täterstrafrecht.

Zuschreibung von Verantwortlichkeit. Der Versuch, diese Figur mit der aberratio ictus oder mit dem error in persona irgendwie in Einklang zu bringen, um die Zurechnung zu bejahen, bedeutet eine Verdoppelung von Irrationalität.

6. Schluss: Ein zerrissenes Netz

Diese Arbeit hat ihr Ziel von Anfang an deklariert. Dass ihre Struktur selbstzentriert war, wurde auch noch vor ihrer Entwicklung zugegeben. Die Konsequenz daraus ist, dass ihre Ergebnisse sehr bescheiden sein müssen.
Zwei Thesen, auf zwei unterschiedlichen Niveaus, wurden hier grundsätzlich vertreten und entwickelt. Die erste lautet: Eine gerechte Lösung zum Problem der aberratio ictus lässt sich rational durch die dogmatische Argumentation der Strafrechtswissenschaft nicht begründen. Die zweite These ist eine Verallgemeinerung der ersten und besagt: Gerechte Vorsatzzurechnung gibt es nicht; sie ist eher dazu verurteilt, ungerecht zu sein, weil sie auf einer irrationalen Basis aufbaut. Beide Thesen verstärken sich im Hinblick auf ihre Konsequenz; nämlich, dass jemand ungerecht *bestraft* wird. Wenn Ungerechtigkeit mit Barbarei identisch ist[430], bedeutet diese Konsequenz Radikalisierung, letztes Niveau von Barbarei, nicht bloßer Faktor in der vorigen Diskussion.
Ob diese letzte These noch verallgemeinert werden kann, ist eine Frage, die nicht Thema dieser Arbeit war. Sie ist jedoch mit einem klaren Ja zu beantworten. Einfach deshalb, weil Vorsatzzurechnung ein wesentliches Moment strafrechtlicher Zurechnung ist. Das Problem kann noch von zwei anderen Seiten betrachtet werden: aus der Perspektive der Möglichkeit anderer Quellen von Ungerechtigkeit in der Deliktsstruktur selbst; und aus der Perspektive der (Ir)Rationalität der Strafzufügung. Beide haben mit dieser Untersuchung nichts zu tun.
Das Netz ist zerrissen, und es ist nicht möglich, es ernsthaft mit dem gleichen Stoff wieder zusammenzufügen. Das dialektische Moment dieser Feststellung ist, dass die radikale Preisgabe des Netzes selbst keine Lösung sein kann; das wäre nicht der Weg zur Gerechtigkeit, sondern eine Optimierung der Ungerechtigkeit. Absicht dieser Arbeit jenseits des Beweises jener beiden Thesen war, einen Weg zu weisen, der zwar nicht zur Gerechtigkeit führen kann, Gerechtigkeit aber in der punktuellen Negation von struktureller Ungerechtigkeit schafft. Der Grundsatz in dubio pro reo kann nur als antifunktional, weil negativ, in Bezug auf den Zurechnungsprozess verstanden werden. Daher die Antipathie, die er erweckt. Dem entspricht das kritische Motto, dass das Gute nur aus dem Schlechten und aus dem Versuch, das Schlechte abzuschaffen, bestimmt werden kann[431]. Wenn man das Schlechte mit unserem diskursiven Netz identifiziert,

---

[430] So Horkheimer, 1991: 423.
[431] Horkheimer, 1991a: 420. Vgl. auch Adorno, 2003: 49: „(...) man könnte also vielleicht sagen (...), dass zwar der spinozistische und echt identitätsphilosophische Satz, dass verum index sui et falsi sei; dass also am Wahren unmittelbar seine eigene Wahrheit und das Unwahre sich ablesen lasse –, dass *das* zwar nicht gelte; dass aber das Falsche, das was nicht sein soll, *tatsächlich* der Index seiner selbst ist: dass das was falsch, nämlich zunächst einmal nicht es selbst ist; das heißt: nicht es selbst ist in dem Sinn, dass es nicht das ist, was zu sein bean-

dann soll die radikale Komplexität des Problems nicht verkannt werden, nämlich dass es nicht abzuschaffen ist. Eine Überspitzung von Negativismus? „Die negativen, negativistischen Geister, die nur sehen und sagen, was das Grauen ist, was nicht sein soll, die Gott zu nennen sich scheuen, was wollen sie? – Daß es gut wird."[432]
Wenn es überhaupt gut wird, dann jedenfalls nicht im Rahmen *dieses* wirklichen Strafrechts[433]. Wir haben leider aber kein anderes. Mit dieser Tatsache muss der Theoretiker leben. Vor diesem Hintergrund wird weiter diskutiert werden und Probleme werden weiter ungelöst bleiben. Dass die strafrechtliche Dogmatik nicht alles löst, erfährt der Dogmatiker mit Irritation. Dass sie sehr wenig löst, erfährt er mit Empörung. Dass diese Lösungen strukturell ungerecht sind, nimmt er nicht zur Kenntnis; dies negiert er mit Eifer, weil so mit der Frustration, zu einer illegitimen Praxis beizutragen, einfacher zu leben ist. Freud hat einmal bemerkt: „Ein verdrängter Vorstellungs- oder Gedankeninhalt kann also zum Bewußtsein durchdringen, unter der Bedingung, daß er sich verneinen läßt. Die Verneinung ist eine Art, das Verdrängte zur Kenntnis zu nehmen, eigentlich schon eine Aufhebung der Verdrängung, aber freilich keine Annahme des Verdrängten."[434] Nichts könnte richtiger in Bezug auf den Strafrechtler zutreffen. Dieses Phänomen von Selbstbetrug aufzudecken und zu bekämpfen war letztendlich das Hauptziel dieser Arbeit. Kurz: Die Karten auf den Tisch zu legen. Die utopische Hoffnung einer (bewusst unbedeutenden) Verbesserung, wenn sie irgendwo auftaucht – und dies wollen wir eben nicht leugnen –, entspricht dem unvermeidbaren persönlichen Engagement des Verfassers[435] an dieser wankenden Wissenschaft, die sich entweder mit der immanenten Ungerechtigkeit ihres Stoffes abfindet und sie unterstützt, oder die Kritik der Legitimation dieses Stoffes in ihren Diskurs einbezieht, um mittels selbsterodierender Kraft, eine Aussicht zu suchen. Einen anderen Weg gibt es nicht.

---

sprucht, – dass dies Falsche sich, wenn Sie so wollen, in einer gewissen Unmittelbarkeit kundgibt, und diese Unmittelbarkeit des Falschen, dieses falsum, index sui atque veri ist."
[432] Horkheimer, 1991b: 240.
[433] Hier sei darauf nur hingewiesen, dass Strafrechtskritik notwendigerweise Gesellschaftskritik impliziert. Dazu Bloch, 1999: 276 ff.; 299.
[434] Freud, 1968: 12.
[435] Und selbst den Versuch, diese erschreckende Figur eines menschlichen Verfassers hinter einer „wissenschaftlichen" Untersuchung zu verbergen (vgl. dazu kritisch Fabricius, 1995: 329f.), als konstitutiven Teil der ideologischen Voraussetzungen der Rechtswissenschaft zu zeigen, ist jenem erwähnten Hauptziel nicht fremd.

Literatur

ADORNO, Theodor W. **Probleme der Moralphilosophie**, Frankfurt am Main 1996.

ADORNO, Theodor W. **Vorlesung über Negative Dialektik**, Frankfurt am Main 2003.

ADORNO, Theodor W. **Negative Dialektik**, Frankfurt am Main 2003a.

ADORNO, Theodor; HORKHEIMER, Max. **Dialektik der Aufklärung**, in Horkheimer, GS 5, Frankfurt am Main 1997.

ALEXY, Robert. **Theorie der Grundrechte**, Baden-Baden 1985.

ALEXY, Robert. **Theorie der juristischen Argumentation**, 2. Aufl., Frankfurt am Main 1992.

ALLFELD, Philipp. **Lehrbuch des deutschen Strafrechts AT**, 9. Aufl., Leipzig 1934, Neuausdruck Aalen 1978.

ALWART, Heiner. **Die Geschichte von dem Zimmermann Schliebe, dem Gymnasiasten Ernst Harnisch, dem Holzhändler Rosahl und von dem Arbeiter namens Rose**, JuS 1979, S. 351 ff.

AMELUNG, Knut. **Strafrechtswissenschaft und Strafgesetzgebung**, ZStW 92 (1980), S. 19 ff.

ARENDT, Hannah. **Über das Böse. Eine Vorlesung zu Fragen der Ethik**, München 2006.

BACIGALUPO, Enrique. **Derecho Penal**, 2. Aufl. Buenos Aires 1999.

BACKMANN, Leonhard. **Die Rechtsfolgen der aberratio ictus**, JuS 1971, S. 113 ff.

BACKMANN, Leonhard. **Grundfälle zum strafrechtlichen Irrtum**, JuS 1972, S. 196 ff.; 326 ff.; 452 ff.

BAR, Ludwig v. **Die Grundlagen des Strafrechts**, Leipzig 1869.

BAR, Ludwig v. **Die Lehre vom Causalzusammenhang**, Leipzig 1871.

BAUMANN, Jürgen; WEBER, Ulrich; MITSCH, Wolfgang. **Strafrecht. AT, Lehrbuch**, 11. Aufl., Bielefeld, 2003.

BECKERMANN, Ansgar. **Analytische Einführung in die Philosophie des Geistes**, 2. Aufl., Berlin-New York 2001.

BELING, Ernst. **Die Lehre vom Verbrechen**, Tübingen 1906.

BEMMANN, Günter. **Zum Fall Rose-Rosahl**, MDR 1958, S. 817 ff.

BEMMANN, Günter. **Die Objektsverwechslung des Täters in ihrer Bedeutung für den Anstifter**, Stree/Wessels-FS, Heidelberg 1993, S 397 ff..

BERNER, Albert Friedrich. **Lehrbuch des deutschen Strafrechts**, 18. Aufl., Leipzig 1898.

BETTI, Emilio. **Die Problematik der Auslegung in der Rechtswissenschaft**, Engisch-FS, Frankfurt am Main 1969, S. 205 ff.

BEULKE, Werner. **Die fehlgeschlagene Notwehr zur Sachwertverteidigung – NJW 1988, 1860**, Jura 1988, S. 641 ff.

BINDING, Karl. **Die Normen und ihre Übertretung, Bd. 2**, 2. Hälfte, Leipzig 1916, Neuausdruck Aalen 1991.

BINDING, Karl. **Die Normen und ihre Übertretung, Bd. 3**, Leipzig 1918, Neuausdruck Aalen 1991.

BLOCH, Ernst. **Naturrecht und menschliche Würde**, Frankfurt am Main 1999.

BUNG, Jochen. **Theorie der Interpretation: Davidson**, in Buckel/Christensen/Fischer-Lescano (Hrsg.), Neue Theorien des Rechts, Stuttgart 2006, S. 291 ff.

BURI, Maximilian v. **Über Causalität und deren Verantwortung**, Leipzig 1873.

CEREZO MIR, José. **La naturaleza de las cosas y su relevancia jurídica**, in ders., Temas fundamentales del derecho penal, Bd. 1, Buenos Aires 2001, S. 39 ff.

CHRISTENSEN, Ralph. **Was heißt Gesetzbindung? Eine rechtslinguistische Untersuchung**, Berlin 1989.

DAVIDSON, Donald. **Handlungen, Gründen und Ursachen**, in ders. Handlung und Ereignis, Frankfurt am Main 1990, S, 19 ff.

DAVIDSON, Donald. **Wahrheit und Interpretation,** Frankfurt am Main 1990a.

DAVIDSON, Donald. **Subjektiv, Intersubjektiv, Objektiv,** in Davidson/Fulda, Dialektik und Dialog, Frankfurt am Main 1993, S. 64 ff.

DERRIDA, Jacques. **Gesetzeskraft. Der „mystische Grund der Autorität",** Übers. Alexander García Düttmann, Frankfurt am Main 1991.

DREIER, Ralf. **Recht und Moral,** in ders., Recht – Moral – Ideologie, Frankfurt am Main 1981, S. 380 ff.

DREIER, Ralf. **Zur gegenwärtigen Diskussion des Verhältnisses von Recht und Moral in der Bundesrepublik Deutschland,** in Alexy/Neumann et alii (Hrsg.) Rechts- und Sozialphilosophie in Deutschland heute. Beiträge zur Standortbestimmung, ARSP-Beiheft 44, Stuttgart 1991, S. 55 ff.

DRIENDL, Johannes. **Irrtum oder Fehlprognose über abweichende Kausalverläufe,** GA 1986, S. 253 ff.

ENGISCH, Karl. **Untersuchungen über Vorsatz und Fahrlässigkeit im Strafrecht,** Berlin 1930.

ENGISCH, Karl. **Logische Studien zur Gesetzanwendung,** 2. Aufl., Heidelberg 1960.

ESSER, Josef. **Vorverständnis und Methodenwahl in der Rechtsfindung,** Frankfurt am Main 1972.

FABRICIUS, Dirk. **Parteipolitische Position und kriminalwissenschaftliche Einsichtsfähigkeit: Überlegungen aus der ethnopsychoanalytischen Perspektive,** in Institut für Kriminalwissenschaften Frankfurt a.M. (Hrsg.), Vom Unmöglichen Zustande des Strafrechts, Frankfurt am Main-Berlin-Bern-New York- Paris-Wien 1995.

FABRICIUS, Dirk. **Was ein Lehrbuch lehrt... Eine exemplarische Untersuchung von Jakobs** *Strafrecht - Allgemeiner Teil,* Frankfurt am Main 1998.

FIANDACA, Giovanni; MUSCO, Enzo. **Diritto Penale. Parte Generale,** 3. Aufl., Bologna 2002.

FIGAL, Günther. **Selbstverstehen in instabiler Freiheit,** in Birus (Hrsg.) Hermeneutische Positionen, Göttingen 1982.

FRAGOSO, Heleno Cláudio. **Lições de Direito Penal. Parte Geral**, 9. Aufl., Rio de Janeiro 1985.

FRANK, Reinhard. **Das Strafgesetzbuch für das Deutsche Reich**, 5. Aufl., Tübingen 1908.

FREUD, Sigmund. **Die Verneinung**, in ders., Werke aus den Jahren 1919-1925, GW XIV, Frankfurt am Main 1968, S. 11 ff.

FREUND, Georg. **Strafrecht AT. Personale Straftatlehre**, Berlin-Heidelberg 1998.

FRISCH, Wolfgang. **Tatbestandsmäßiges Verhalten und Zurechnung des Erfolgs**, Heidelberg 1988.

FULDA, Hans Friedrich. **Unterwegs zu einer einheitlichen Theorie des Sprechens, Handelns und Interpretierens**, in Davidson/Fulda, Dialektik und Dialog, Frankfurt am Main 1993.

GADAMER, Hans-Georg. **Wahrheit in den Geisteswissenschaften**, in ders., Wahrheit und Methode. Ergänzungen. Register, GW II, Tübingen 1986, S. 37ff.

GADAMER, Hans-Georg. **Klassische und philosophische Hermeneutik**, in ders., Wahrheit und Methode. Ergänzungen. Register, GW II, Tübingen 1986a, S. 92ff.

GADAMER, Hans-Georg. **Rhetorik, Hermeneutik und Ideologiekritik. Metakritische Erläuterungen zu Wahrheit und Methode**, in ders., Wahrheit und Methode. Ergänzungen. Register, GW II, Tübingen 1986b, S. 232ff.

GADAMER, Hans-Georg. **Der Universalitätsanspruch des hermeneutischen Problems**, in ders., Wahrheit und Methode. Ergänzungen. Register, GW II, Tübingen 1986c, 219ff.

GADAMER, Hans-Georg. **Wahrheit und Methode. Grundzüge einer philosophischen Hermeneutik**, GW I, Tübingen 1990.

GALLAS, Wilhelm. **Gründe und Grenzen der Strafbarkeit. Gedanken zum Begriff des Verbrechens**, in *Beiträge zur Verbrechenslehre*, Berlin 1968, S. 1 ff.

GEDDERT, Heinrich. **Recht und Moral. Zum Sinn eines alten Problems**, Berlin 1984.

GEIGER, Theodor. **Über Moral und Recht**, Übers. von Hans-Heinrich Vogel, Berlin 1979.

GEPPERT, Klaus. **Zum „error in persona vel obiecto" und zur „aberratio ictus", insbesondere vor dem Hintergrund der neuen „Rose-Rosahl-Entscheidung" (=BGHSt. 37, 214 ff.)**, Jura 1992, S. 163 ff.

GÖSSEL, Karl Heinz. **Über die Bedeutung des Irrtums im Strafrecht**, Erster Band, Berlin 1974.

GÖSSEL, Karl Heinz. **Versuch über Sein und Sollen im Strafrecht**, in Miyazawa-FS, Baden-Baden 1995, S. 317 ff.

GRAF zu DOHNA, Alexander. **Der Aufbau der Verbrechenslehre**, 2. Aufl., Bonn 1941.

GROLMAN, Karl von. **Grundsätze der Criminalrechtswissenschaft**, 4. Aufl. Giefsen 1825.

GRONDIN, Jean. **Einführung zu Gadamer**, Tübingen 2000.

GRONDIN, Jean. **La fusion des horizons. La version gadamérienne de l'adæquatio rei et intellectus ?**, in Archives de Philosophie, tome 68, Cahier 3, 2005.

GROPP, Walter. **Der Zufall als Merkmal der aberratio ictus**, Lenckner-FS, 1998, S. 55 ff.

GROPP, Walter. **Strafrecht AT**, 2. Aufl., Berlin-Heidelberg 2001.

GÜNTHER, Klaus. **Der Sinn für Angemessenheit. Anwendungsdiskurse in Moral und Recht**, Frankfurt am Main 1988.

GÜNTHER, Klaus. **Von der Rechts- zur Pflichtverletzung. Ein „Paradigmawechsel" im Strafrecht?**, in Institut für Kriminalwissenschaften Frankfurt a.M. (Hrsg.), Vom unmöglichen Zustand des Strafrechts, Frankfurt am Main 1995, S. 445 ff.

HABERMAS, Jürgen. **Verwissenschaftliche Politik und öffentliche Meinung**, in ders., Technik und Wissenschaft als Ideologie, 10 Aufl., Frankfurt am Main 1963, S. 120 ff.

HABERMAS, Jürgen. **Über den internen Zusammenhang von Rechtstaat und Demokratie**, in ders., Die Einbeziehung des Anderen, 2. Aufl., Frankfurt am Main 1997, S. 293 ff.

HAFT, Fritjof. **Strafrecht AT**, 9. Aufl., München 2004.

HASSEMER, Winfried. **Tatbestand und Typus. Untersuchungen zur strafrechtlichen Hermeneutik**, Köln-Berlin-Bonn-München 1968.

HASSEMER, Winfried. **Theorie und Soziologie des Verbrechens. Ansätze zu einer praxisorientierten Rechtsgutslehre**, Frankfurt am Main 1973.

HASSEMER, Winfried. **Strafrechtsdogmatik und Kriminalpolitik**, Hamburg 1974.

HASSEMER, Winfried. **Juristische Hermeneutik**, ARSP 72 (1986), S. 195 ff.

HASSEMER, Winfried. **Einführung in die Grundlagen des Strafrechts**, 2. Aufl., München 1990.

HASSEMER, Winfried. **Richtiges Recht durch richtiges Sprechen? Zum Analogieverbot im Strafrecht**, in Grewendorf (Hrsg.), Rechtskultur als Sprachkultur. Zur forensischen Funktion der Sprachanalyse, Frankfurt am Main 1992, S. 71 ff.

HASSEMER, Winfried. **Grundlinien einer Personalrechtsgutslehre**, in Phillips/Scholler (Hrsg.), Jenseits des Funktionalismus. Arthur Kaufmann zum 65. Geburtstag, Heidelberg 1989, S. 85 ff.

HASSEMER, Winfried. **Kennzeichen des Vorsatzes**, in Armin Kaufmann-GS, Köln 1989a, S. 289 ff.

HASSEMER, Winfried. **„Sachlogische Strukturen" – noch zeitgemäß?**, in Rudolphi-FS, München 2004, S. 61 ff.

HEFENDEHL, Roland. **Die Materialisierung von Rechtsgut und Deliktstruktur**, GA 2002, S. 21 ff.

HEIDEGGER, Martin. **Sein und Zeit**, Tübingen 2000.

HERNÁNDEZ, Moisés Moreno. **Über die Verknüpfung von Strafrechtsdogmatik und Kriminalpolitik**, in Roxin-FS, Berlin-New York 2001, S. 69 ff.

HERZBERG, Rolf Dietrich. **Aberratio ictus und abweichender Tatverlauf**, ZStW 85 (1973), S. 867 ff.

HERZBERG, Rolf Dietrich. **Aberratio ictus und error in objecto**, JA 1981, S. 369 ff.; 470 ff.

HETTINGER, Michael. **Die Bewertung der „aberratio ictus" beim Alleintäter. Gedanken zum Verhältnis zwischen Sachverhalt und Gesetz**, GA 1990, S. 531 ff.

HEUCHEMER, Michael. **Zur funktionalen Revision der Lehre vom konkreten Vorsatz: Methodische und dogmatische Überlegung zur aberratio ictus**, JA 2005, S. 275 ff.

HILGENDORF, Eric. **Moralphilosophie und juristisches Denken**, ARSP 82 1996, S. 397 ff.

HILLENKAMP, Thomas. **Die Bedeutung von Vorsatzkonkretisierungen bei abweichendem Tatverlauf**, Göttingen 1971.

HIRSCH, Andrew v. **Tadel und Prävention: Die Übelszufügung als Element der Strafe**, in Schünemann/v. Hirsch/Jareborg (Hrsg.) Positive Generalprävention. Kritische Analyse im deutsch-englischen Dialog. Uppsala Simposium 1996, Heidelberg 1998, S. 101 ff.

HIRSCH, Andrew v.; HÖRNLE, Tatjana (1998) **„Positive Generalprävention und Tadel"**, in Schünemann/v. Hirsch/Jareborg (Hrsg.) Positive Generalprävention. Kritische Analyse im deutsch-englischen Dialog. Uppsala Simposium 1996, Heidelberg 1998, S. 83 ff.

HIRSCH, Andrew v. **Die Existenz der Institution Strafe: Tadel und Prävention als Elemente einer Rechtfertigung**, in Fairness, Verbrechen und Strafe: Strafrechtstheoretische Abhandlungen, Berlin 2005.

HORKHEIMER, Max. **Antinomien der kritischen Theorie**, in GS 6, Frankfurt am Main 1991, S. 423.

HORKHEIMER, Max. **Zur Kritischen Theorie**, in GS 6, Frankfurt am Main 1991a, S. 419 f.

HORKHEIMER, Max. **Die Negativen**, in GS 6, Frankfurt am Main 1991b, S. 240.

HORKHEIMER, Max. **Zur Kritik der instrumentellen Vernunft**, in GS 6, Frankfurt am Main 1991c, S. 21 ff.

HOYER, Andreas. **Systematischer Kommentar zum Strafgesetzbuch - §§ 25, 26**, Band. 1, 8. Aufl., München 2005.

HRUSCHKA, Joachim. **Der Begriff der actio libera in causa und die Begründung ihrer Strafbarkeit –** *BGHSt* **21, 381**, JuS 1968, S. 554 ff.

HRUSCHKA, Joachim. **Die Herbeiführung eines Erfolges durch einen von zwei Akten bei eindeutigen und bei mehrdeutigen Tatsachenfeststellungen**, JuS 1982, S. 317 ff.

HRUSCHKA, Joachim. **Strafrecht nach logisch-analytischer Methode**, 2. Aufl., Berlin-New York 1988.

HRUSCHKA, Joachim. **Der Standardfall der aberratio ictus und verwandte Fallkonstellationen**, JZ 1991, S. 488 ff.

JAKOBS, Günther. **Strafrecht AT**, 2. Aufl., Berlin-New York 1993.

JANISZEWSKI, Udo. **Zur Problematik der aberratio ictus**, MDR 1985, S. 533 ff.

JESCHECK, Hans Heinrich; WEIGEND, Thomas. **Lehrbuch des Strafrechts AT**, 5. Aufl., Berlin 1996.

JHERING, Rudolph v. **Über die Entstehung des Rechtsgefühls**, in Roellecke (Hrsg.), Rechtsphilosophie oder Rechtstheorie, Darmstadt 1984, S. 53 ff.

JOECKS, Wolfgang. **Münchener Kommentar zum Strafgesetzbuch - § 16**, Band 1, München 2003.

KANT, Immanuel. **Logik**, in Schriften zur Metaphysik und Logik 2, Werkausgabe Band VI, Hrsg. von Wilhelm Weischedel, 9. Aufl., Frankfurt am Main 1996.

KARGL, Walter. **Der strafrechtliche Vorsatz auf der Basis der kognitiven Handlungstheorie**, Frankfurt am Main-Berlin-Bern-New York-Paris-Wien 1993.

KAUFMANN, Arthur. **Die Geschichtlichkeit des Rechts im Licht der Hermeneutik**, in Kaufmann (Hrsg.), Rechtstheorie, Karlruhe 1971, S. 81 ff.

KAUFMANN, Arthur. **Analogie und „Natur der Sache". Zugleich ein Beitrag zur Lehre vom Typus**, 2. Aufl., Heidelberg 1982.

KAUFMANN, Arthur. **Über den Zirkelschluss in der Rechtsfindung**, in ders., Beiträge zur juristischen Hermeneutik, Köln-Berlin-Bonn-München 1984, S. 65 ff.

KAUFMANN, Arthur. **Durch Naturrecht und Rechtspositivismus zur juristischen Hermeneutik**, in ders., Beiträge zur juristischen Hermeneutik, Köln-Berlin-Bonn-München 1984a, S. 79 ff.

KAUFMANN, Arthur. Gedanken zu einer ontologischen Grundlegung der juristischen Hermeneutik, in ders., Beiträge zur juristischen Hermeneutik, Köln-Berlin-Bonn-München 1984b, S. 89 ff.

KAUFMANN, Arthur. Recht und Sprache, in ders., Beiträge zur juristischen Hermeneutik, Köln-Berlin-Bonn-München 1984c, S. 101 ff.

KAUFMANN, Arthur. Einige Bemerkungen zur Frage der Wissenschaftlichkeit der Rechtswissenschaft, in ders., Beiträge zur juristischen Hermeneutik, Köln-Berlin-Bonn-München 1984d, S. 119 ff.

KEMPSKI, Jürgen v. **Recht und Politik. Studien zur Einheit der Sozialwissenschaften. Schriften 2**, Hrsg. von Achim Eschbach, Frankfurt am Main 1992.

KIENAPFEL, Diethelm. **Österreichisches Strafrecht AT**, 2. Aufl., Wien 1979.

KIM, Jaegwon. **Philosophy of Mind**, 2. Aufl., Cambridge 2006.

KINDHÄUSER, Urs. **Intentionale Handlung**, Berlin 1980.

KINDHÄUSER, Urs. **Strafrecht AT**, Baden-Baden 2000.

KINDHÄUSER, Urs. **Strafgesetzbuch. Lehr- und Praxiskommentar**, 2. Aufl., Baden-Baden 2005.

KOGGE, Werner. **Verstehen und Fremdheit in der philosophischen Hermeneutik: Heidegger und Gadamer**, Hildesheim-Zürich-New York 2001.

KÖHLER, August. **Deutsches Strafrecht AT**, Leipzig 1917.

KÖHLER, Michael. **Der Begriff der Zurechnung**, Hans Joachim Hirsch-FS, Berlin-New York 1999, S. 65 ff.

KOHLRAUSCH, Eduard. **Strafgesetzbuch für das deutsche Reich**, 27. Aufl., Berlin; Leipzig 1927.

KORIATH, Heinz. **Grundlagen strafrechtlicher Zurechnung**, Berlin 1994.

KORIATH, Heinz. **Einige Gedanken zur aberratio ictus**, JuS 1997, S. 901 ff.

KÖSTLIN, Christian Reinhold. **System des deutschen Strafrechts**, Abt. 1, AT, Tübingen 1855, Neudruck Aalen 1978.

KUDLICH, Hans; Christensen, Ralph. **Die Kanones der Auslegung als Hilfsmittel für die Entscheidung von Bedeutungskonflikten**, JA 2004, S. 74 ff.

KÜHL, Kristian. **Zum Missbilligungscharakter der Strafe**, Eser-FS, München 2005.

KUHLEN, Lothar. **Die Unterscheidung von vorsatzausschließendem und nichtvorsatzausschließendem Irrtum**, Frankfurt am Main 1987.

LACKNER, Karl; KÜHL, Kristian. **Strafgesetzbuch**, 24. Aufl., München 2001.

LANGER, Winrich. **Strafrechtsdogmatik als Wissenschaft**, GA 1990, S. 436 ff.

LARENZ, Karl. **Methodenlehre der Rechtswissenschaft**, 6. Aufl., München 1991.

LEICHT, Robert. **Von der Hermeneutik-Rezeption zur Sinnkritik in der Rechtstheorie**, in Kaufmann (Hrsg.), Rechtstheorie, Karlsruhe 1971, S. 71 ff.

LISZT, Franz v. **Lehrbuch des deutschen Strafrechts**, 22. Aufl., Berlin-Leipzig 1919.

LISZT, Franz v. **Die Aufgaben und die Methode der Strafrechtwissenschaft**, in Roellecke (Hrsg.), Rechtsphilosophie oder Rechtstheorie?, Darmstadt 1984.

LISZT, Franz v.; SCHMIDT, Eberhard. **Lehrbuch des deutschen Strafrechts**, Erster Band, 26. Aufl., Berlin-Leipzig 1932.

LÜBBE-WOLFF, Gertrude. **Rechtsfolgen und Realfolgen**, München 1981.

LÜTH, Karl-Heinrich. **Beurteilung der aberratio ictus in Literatur und Judikatur**, Lippstadt 1933.

LYOTARD, Jean-François. **Der Widerstreit**, Übers. Joseph Vogel, München 1989.

MANTOVANI, Luciano Petoello. **Kriminalpolitik und Strafrechtssystem**, ZStW 109 (1997), S. 17 ff.

MANTOVANI, Ferrando. **Diritto Penale**, 4. Aufl., Padova 2001.

MAREZOLL, Theodor. **Das gemeine deutsche Criminalrecht als Grundlage der neueren deutschen Strafgesetzgebungen**, 3. Aufl., Leipzig 1856.

MARX, Michael. **Zur Definition des Begriffs „Rechtsgut"**, Köln-Berlin-Bonn-München 1972.

MARXEN, Klaus. **Straftatsystem und Strafprozeß**, Berlin 1984.

MAURACH, Reinhart; ZIPF, Heinz. **Strafrecht AT**, Bd. 1, 8. Aufl., Heidelberg 1992.

MAYER, Hellmuth. **Das Problem des sogenannten dolus generalis**, JZ 1956, S. 109 ff.

MAYER, Max Ernst. **Der Allgemeine Teil des deutschen Strafrechs**, 2. Aufl., Heidelberg 1923.

MAYR, Johann. **Error in persona vel obiecto und aberratio ictus bei der Notwehr**, Frankfurt am Main-Berlin-Bern-New York-Paris-Wien-Lang 1992.

MENKE, Christoph. **Spiegelungen der Gleichheit. Politische Philosophie nach Adorno und Derrida**, Frankfurt am Main 2004.

MERKEL, Adolf. **Lehrbuch des deutschen Strafrechts**, Stuttgart 1889.

MEYER, Hugo. **Grundzüge des Strafrechts nach der deutschen Gesetzgebung**, Leipzig 1877.

MEZGER, Edmund. **Strafrecht. Ein Lehrbuch**, 3. Aufl., Berlin 1949.

MITSCH, Wolfgang. **Tödliche Schüsse auf flüchtende Diebe**, JA 1989, S. 79 ff.

MOCCIA, Sergio. **Die systematische Funktion der Kriminalpolitik. Normative Grundsätze eines teleologisch orientierten Strafrechtssystems**, in Schünemann/Figueiredo Dias (Hrsg.), Bausteine des europäischen Strafrechts. Coimbra-Symposium für Claus Roxin, Köln-Berlin-Bonn-München 1995, S. 45 ff.

MOOJER, Donald. **Die Diskrepanz zwischen Risikovorstellung und Risikoverwirklichung. Ein Beitrag zur Diskussion über Kausalabweichung und aberratio ictus**, Diss., Berlin 1985.

MÜLLER, Jürgen. **Das Urteil des BGH zu Anstiftung und „error in persona"**, MDR 1991, S. 830 ff.

NAUCKE, Wolfgang. **Gesetzlichkeit und Kriminalpolitik**, JuS 1989, S. 862 ff.

NAUCKE, Wolfgang. **Entwicklung der allgemeinen Politik und der Zusammenhang dieser Politik mit der Reform des Strafrechts in der Bundesrepublik Deutschland**, in ders., Die Zerbrechlichkeit des rechtstaatlichen Strafrechts, Baden-Baden 2000, S. 393 ff.

NAUCKE, Wolfgang. **Wissenschaftliches Strafrechtssystem und positives Strafrecht**, GA 1998, 263 ff.

NEUMANN, Ulfrid. **Acht Thesen zur Kritik und Metakritik der Rechtssprache**, in Viehweg/Rotter (Hrsg.), Recht und Sprache, ARSP-Beiheft 9, Wiesbaden 1977, S. 121 ff.

NEUMANN, Ulfrid. **Rechtsontologie und juristische Argumentation. Zu den ontologischen Implikationen juristischen Argumentierens**, Heidelberg-Hamburg 1979.

NEUMANN, Ulfrid. **Theorie der Gerechtigkeit**, JuS 1980, S. 78 ff.

NEUMANN, Ulfrid. **Rechtswissenschaft zwischen Ontologie und Ideologiekritik – Überlegungen zum Objektivitätsideal bei der Rechtsfindung**, in Rotter/Weinberger/Wieacker (Hrsg.), Wissenschaften und Philosophie als Basis der Jurisprudenz, ARSP-Beiheft 13, Wiesbaden 1980a, S. 215 ff.

NEUMANN, Ulfrid. **Neuere Schriften zur Rechtsphilosophie und Rechtstheorie**, Philosophische Rundschau 28 (1981), S. 189 ff.

NEUMANN, Ulfrid. **Zum Verhältnis von philosophischer und juristischer Hermeneutik**, in Hassemer (Hrsg.), Dimensionen der Hermeneutik. Arthur Kaufmann zum 60. Geburtstag, Heidelberg, 1984, S. 49 ff.

NEUMANN, Ulfrid. **Zurechnung und „Vorverschulden". Vorstudien zu einem dialogischen Modell strafrechtlicher Zurechnung**, Berlin 1985.

NEUMANN, Ulfrid. **Juristische Argumentationslehre**, Darmstadt 1986.

NEUMANN, Ulfrid. **Materiale und prozedurale Gerechtigkeit im Strafverfahren**, ZStW 101 (1989), S. 52 ff.

NEUMANN, Ulfrid. **Positivistische Rechtsquellenlehre und naturrechtliche Methode. Zum Alltagsnaturrecht in der juristischen Argumentation**, ARSP 1990, Beiheft 37, S. 141 ff.

NEUMAN, Ulfrid. **Moralphilosophie und Strafrechtsdogmatik**, in Alexy/Neumann et alii (Hrsg.), Rechts- und Sozialphilosophie in Deutschland heute. Beiträge zur Standortbestimmung, ARSP-Beiheft 44, Stuttgart 1991, S. 248 ff.

NEUMANN, Ulfrid. **Juristische Methodenlehre und Theorie der juristischen Argumentation**, Rechtstheorie 32 (2001), S. 105 ff.

NEUMANN, Ulfrid. **Juristische Fachsprache und Umgangsprache**, in Grewendorf (Hrsg.), Rechtskultur und Sprachkultur. Zur forensischen Funktion der Sprachanalyse, Frankfurt am Main 1992, S. 110 ff.

NEUMANN, Ulfrid. **Konstruktion und Argument in der neueren Diskussion zur actio libera in causa**, in Strafgerechtigkeit, Arthur Kaufmann-FS, Heidelberg 1993, S. 581 ff.

NEUMANN, Ulfrid. **Hat die Strafrechtsdogmatik eine Zukunft?**, in Prittwitz/Manoledekis (Hrsg.), Strafrechtsprobleme an der Jahrtausendwende, Frankfurt am Main 2000.

NEUMANN, Ulfrid. **Wahreit im Recht**, Baden-Baden 2004.

NEUMANN, Ulfrid. **Wissenschaftstheorie der Rechtswissenschaft**, in Kaufmann/Hassemer/Neumann (Hrsg.), Einführung in Rechtsphilosophie und Rechtstheorie der Gegenwart, 7. Aufl., Stuttgart 2004a, S. 385 ff.

NEUMANN, Ulfrid. **Alternativen zum Strafrecht**, in Neumann/Prittwitz (Hrsg.), Kritik und Rechtfertigung des Strafrechts, Frankfurt am Main 2005.

NEUMANN, Ulfrid; SCHROTH, Ulrich. **Neuere Theorien von Kriminalität und Strafe**, Darmstadt 1980.

NEUMANN, Franz **Behemoth**, Köln-Frankfurt am Main 1977.

NIESE, Werner. **Finalität, Vorsatz und Fahrlässigkeit**, Tübingen 1951.

NOACK, Roland. **Tatverlauf und Vorsatz**, Diss., Hamburg 1966.

NOLL, Peter. **Die Ethische Begründung der Strafe**, Tübingen 1962.

NOLL, Peter. **Tatbestand und Rechtswidrigkeit: Die Wertabwägung als Prinzip der Rechtfertigung**, ZStW 77 (1965), S. 1 ff.

NOLL, Peter. **Strafrechtswissenschaft und Strafgesetzgebung**, ZStW 92 (1980), S. 73 ff.

OGOREK, Regina. **Die erstaunliche Karriere des „Subsumtionsmodells" oder wozu braucht der Jurist Geschichte?**, in Lüderssen-FS, Baden-Baden 2002, S. 127 ff.

OTTO, Harro. **Grundkurs Strafrecht. Allgemeine Strafrechtslehre**, 6. Aufl., Berlin-New York 2000.

PODLECH, Adalbert. **Recht und Moral**, in Rechtstheorie 3 1972, S. 129 ff.

PRADO, Luiz Regis. **Curso de Direito Penal Brasileiro. Parte Geral**, 2. Aufl., São Paulo 2001.

PRITTWITZ, Cornelius. **Zur Diskrepanz zwischen Tatgeschehen und Tätervorstellung**, GA 1983, S. 110 ff.

PUPPE, Ingeborg. **Grundzüge der actio libera in causa**, JuS 1980, S. 346 ff.

PUPPE, Ingeborg. **Zur Revision der Lehre vom „konkreten" Vorsatz und der Beachtlichkeit der aberratio ictus**, GA 1981, S. 1 ff.

PUPPE, Ingeborg. **Die strafrechtliche Verantwortlichkeit für Irrtümer bei der Ausübung der Notwehr und für deren Folgen**, JZ 1989, S. 728 ff.

PUPPE, Ingeborg. **Vorsatz und Zurechnung**, Heidelberg 1992.

PUPPE, Ingeborg. **Umgang mit Gegenmeinungen**, JuS 1998, S. 287 f.

PUPPE, Ingeborg. **Strafrecht Allgemeiner Teil im Spiegel der Rechtsprechung**, Bd. 1, Baden-Baden 2002.

RATH, Jürgen. **Arbeitsschritte zur Behandlung strafrechtlicher Irrtumsfälle**, Jura 1998, S. 539 ff.

RATH, Jürgen. **Zur strafrechtlichen Behandlung der *aberratio ictus* und des *error in objecto* des Täters**, Frankfurt am Main 1993.

RÖBERT, Otto Adolf. **Die aberratio ictus**, Jena 1933.

RODIGEN, Hubert. **Ansätze zu einer sprachkritischen Rechtstheorie**, ARSP 1972, S. 161 ff.

ROXIN, Claus. **Kriminalpolitik und Strafrechtssystem**, Berlin 1970.

ROXIN, Claus. **Rose-Rosahl redivivus**, Spendel-FS, Berllin-New York 1992, S. 289 ff.

ROXIN, Claus. **Täterschaft und Tatherrschaft**, 7. Aufl., Berlin-New York 2000.

ROXIN, Claus. **Strafrecht AT, Band II**, München 2003.

ROXIN, Claus. **Zur Normativierung des dolus eventualis und zur Lehre von der Vorsatzgefahr**, Rudolphi-FS, München 2004, S. 243 ff.

ROXIN, Claus. **Das strafrechtliche Unrecht im Spannungsfeld von Rechtsgüterschutz und individueller Freiheit**, ZStW 116 (2004), S. 929 ff.

ROXIN, Claus. **Strafrecht AT, Band I**, 4. Aufl., München 2006.

RUDOLPHI, Hans-Joachim. **Die verschiedenen Aspekte des Rechtsgutsbegriffs**, Honig-FS, Göttingen 1970, S. 151 ff.

RUDOLPHI, Hans-Joachim. **Systematischer Kommentar zum Strafgesetzbuch - § 16**, Band 1, 8. Aufl., München 2005.

RYLE, Gilbert. **Der Begriff des Geistes**, Übers. Kurt Baier, Stuttgart 2002.

SABETE, Wagdi. **La théorie du Droit et le problème de la scientificité**, ARSP 1999, S. 95 ff.

SAUER, Wilhelm. **Allgemeine Strafrechtslehre**, 3. Aufl., Berlin 1955.

SCHILD, Wolfgang. **Die „Merkmale" der Straftat und ihres Begriffs**, Ebelsbach 1979.

SCHILD, Wolfgang. **Der Strafbegriff als Argumentationsschema**, in Hassemer/Neumann/Kaufmann (Hrsg.) Argumentation und Recht, Wiesbaden 1980, S. 211 ff.

SCHLEHOFER, Horst. **Der error in persona des Haupttäters – eine aberratio ictus für den Teilnehmer?**, GA 1992, S. 307 ff.

SCHLEHOFER, Horst. **Vorsatz und Tatabweichung. Zur Auslegung der §§ 16 Abs. 1 Satz 1, 22 StGB**, Köln-Berlin-Bonn-München 1996.

SCHMIDHÄUSER, Eberhard. **Strafrecht AT**, 2. Aufl., Tübingen 1975.

SCHNÄDELBACH, Herbert. **Rationalitätstypen**, in ders., Philosophie in der modernen Kultur, Frankfurt am Main 2000, S. 256ff.

SCHÖNKE, Adolf; SCHRÖDER, Horst. **Strafgesetzbuch. Kommentar**, 26. Aufl., München 2001.

SCHREIBER, Hans Ludwig. **Grundfälle zu „error in obiecto" und „aberratio ictus" im Strafrecht**, JuS, S. 873 ff.

SCHROEDER, Friedrich-Christian. **Der Täter hinter dem Täter. Ein Beitrag zur Lehre von der mittelbaren Täterschaft**, Berlin 1965.

SCHROEDER, Friedrich-Christian. **Strafgesetzbuch. Leipziger Kommentar - § 16**, Erster Band, 11. Aufl., Berlin 2003.

SCHROTH, Ulrich. **Vorsatz als Aneignung der unrechtskonstituierenden Merkmale**, Frankfurt am Main-Berlin-Bern-New York-Paris-Wien-Lang 1994.

SCHÜNEMANN, Bernd. **Zum Stellenwert der positiven Generalprävention in einer dualistischen Straftheorie**, in Schünemann/v. Hirsch/Jareborg (Hrsg.), Positive Generalprävention. Kritische Analyse im deutsch-englischen Dialog. Uppsala Simposium 1996, Heidelberg 1998, S. 109 ff.

SCHÜNEMANN, Bernd. **Strafrechtsdogmatik als Wissenschaft**, in Roxin-FS, Berlin-New York 2001, S. 1 ff.

SILVA FRANCO, Alberto. **Código Penal e sua interpretação jurisprudencial. Parte Geral**, 7 Aufl., São Paulo 2001.

SILVA-SANCHEZ, Jesus-Maria. **Aberratio ictus und objektive Zurechnung**, ZStW 101 (1989), S. 352 ff.

SIMMEL, Georg. **Hauptprobleme der Philosophie**, 9. Aufl., Berlin-New York 1989.

STRATENWERTH, Günter; KUHLEN, Lothar. **Strafrecht AT I. Die Straftat**, 5. Aufl., Köln 2004.

STRENG, Franz. **Die Strafbarkeit des Anstifters bei error in persona des Täters (und verwandte Fälle) – BGHSt 37, 214**, JuS 1991, S. 910 ff.

TAVARES, Juarez. **Limites dogmáticos da Cooperação Penal Internacional**, in Tavares/Cervini, Cooperação Penal Internacional, Rio de Janeiro 2000, S. 200 ff.

TAVARES, Juarez. **Teoria do Injusto Penal**, 3. Aufl., Belo Horizonte 2003.

TAVARES, Juarez. **Direito Penal da Negligência**, 2. Aufl., Rio de Janeiro 2003a.

TAYLOR, Charles. **Explaining Action**, in Inquiry 13 (1970), S. 54 ff.

TOEPEL, Friedrich. Aspekte der „Rose-Rosahl"-Problematik: Vorüberlegungen, Beachtlichkeit der aberratio ictus beim Einzeltäter, JA 1996, S. 886 ff.

TOEPEL, Friedrich. Aspekte der „Rose-Rosahl"-Problematik: Zurechnungsstrukturen und Irrtumsfolgen bei mehreren Beteiligten, JA 1997, S. 248 ff.

TOEPEL, Friedrich. Aspekte der „Rose-Rosahl"-Problematik: Die Perspektive des Hintermannes, das Blutbadargument und die versuchte Anstiftung, JA 1997, S. 344 ff.

TRÖNDLE, Herbert; FISCHER, Thomas. **Strafgesetzbuch und Nebengesetze**, 50. Aufl., München 2001.

TUGENDHAT, Ernst. **Vorlesungen zur Einführung in die sprachanalytische Philosophie**, Frankfurt am Main 1976.

TUGENDHAT, Ernst. **Vorlesungen über Ethik**, Frankfurt am Main 1993.

VATTIMO, Gianni. **Weltverstehen – Weltverändern**, in „Sein, das verstanden werden kann, ist Sprache". Hommage an Hans Georg Gadamer, Frankfurt am Main 2001, S. 30ff.

VEDDER, Ben. **Die Faktizität der Hermeneutik: Ein Vorschlag**, Heidegger Studien, Berlin 1996, S. 95 ff.

VOLK, Klaus. **Dolus ex re**, in Strafgerechtigkeit, Arthur Kaufmann-FS, Heidelberg 1993, S. 611 ff.

WÄCHTER, Carl Georg. **Lehrbuch des römisch-teutschen Strafrechts, Zweiter Theil**, Stuttgart 1826, Neuausdruck Frankfurt am Main 1985.

WARDA, Günter. **Grundzüge der Strafrechtsirrtumslehre**, Jura 1979, S. 1 ff.; 71 ff.; 113 ff.; 286 ff.;

WARDA, Günter. **Zur Gleichwertigkeit der verwechselten Objekte beim error in obiecto**, Blau-FS, Berlin-New York 1985, S. 159 ff.

WĄSEK, Andrzej. **Zur Problematik der Beziehung zwischen Strafrecht und Moral**, ZStW (99) 1987, S. 288 ff.

WEBER, Hellmuth v. **Grundriss des deutschen Strafrechts**, 2. Aufl., Bonn 1948.

WEGNER, Arthur. **Strafrecht AT**, Göttingen 1951.

WEINBERGER, Ota. **Ontologie, Hermeneutik und der Begriff des geltenden Rechts**, in ders. Recht, Institution und Rechtspolitik, Stuttgart 1987, S. 109 ff.

WEINBERGER, Ota. **Die formal-finalistische Handlungstheorie und das Strafrecht**, in ders. Recht, Institution und Rechtspolitik, Stuttgart 1987a, S. 129 ff.

WELLMER, Albrecht. **Sprachphilosophie. Eine Vorlesung**, Frankfurt am Main 2004.

WELZEL, Hans. **Naturalismus und Wertphilosophie im Strafrecht. Untersuchungen über die ideologischen Grundlagen der Strafrechtswissenschaft**, Mannheim-Berlin-Leipzig 1935.

WELZEL, Hans. **Das deutsche Strafrecht**, 11. Aufl. Berlin 1969.

WELZEL, Hans. **Kausalität und Handlung**, in ders., Abhandlungen zum Strafrecht und zur Rechtsphilosophie, Berlin-New York 1975, S. 7 ff.

WELZEL, Hans. **Vom Bleibenden und Vergänglichen in der Strafrechtswissenschaft**, in ders., Abhandlungen zum Strafrecht und zur Rechtsphilosophie, Berlin-New York 1975a, S. 345 ff.

WELZEL, Hans. **Naturrecht und Rechtspositivismus**, in ders., Abhandlungen zum Strafrecht und zur Rechtsphilosophie, Berlin-New York 1975b, S. 274 ff.

WELZEL, Hans. **Studien zum System des Strafrechts**, in ders. Abhandlungen zum Strafrecht und zur Rechtsphilosophie, Berlin-New York 1975c, S. 120 ff.

WESSELS, Johannes; BEULKE, Werner. **Strafrecht AT. Die Straftat und ihr Aufbau**, 32. Aufl., Heidelberg 2002.

WIEACKER, Franz. **Zur praktischen Leistung der Rechtsdogmatik**, in Bubner/Cramer/Wiehl (Hrsg.), Hermeneutik und Dialektik. Aufsätze II, Tübingen 1970, S. 311 ff.

WINKELMANN, Dieter. **Die Entwicklung der Lehre von error in persona und aberratio ictus in der Rechtswissenschaft seit der Zeit der Postglossatoren bis zum Ende des 18. Jahrhunderts**, Diss., Heidelberg 1967.

WOHLERS, Wolfgang. **Rechtsgutstheorie und Deliktstruktur**, GA 2002, S. 15 ff.

ZAFFARONI, Eugenio Raúl. **Derecho Penal. Parte General**, Buenos Aires 2000.

ZAFFARONI, Eugenio Raúl. **Vorwort**, in Tavares, Teoria do Injusto Penal, Minas Gerais 2003, S. XV ff.

Jörg Ziethen

Grundlagen probabilistischer Zurechnung im Strafrecht

Frankfurt am Main, Berlin, Bern, Bruxelles, New York, Oxford, Wien, 2004.
194 S., 8 Abb.
Frankfurter kriminalwissenschaftliche Studien.
Verantwortlicher Herausgeber: Ulfrid Neumann. Bd. 85
ISBN 978-3-631-52822-8 · br. € 39.–*

Die Arbeit formuliert eine Antwort auf die Frage nach einer einheitlichen deskriptiven Grundlage für die Beschreibung deterministischer und indeterministischer Geschehensverläufe zum Zwecke der Zurechnung auch probabilistisch bewirkter Erfolge im Strafrecht. Den Ausgangspunkt bildet die Synthese von Engischs Formel der gesetzmäßigen Bedingung und Stegmüllers Modell diskreter Zustandssysteme (DS-Modell). Aus der Verbindung beider Theorien resultiert ein einheitlicher Vorstellungsraum, innerhalb dessen die Zentralbegriffe der Zurechnung so definiert werden, dass sie sowohl auf deterministische als auch auf indeterministische Abläufe anwendbar sind.

Aus dem Inhalt: Einführendes Beispiel · Deterministischer Lösungsansatz · Statistischer Lösungsansatz · Probalistischer Lösungsansatz · Metaempirik deterministischer und probalistischer Kausalität · Metadogmatik der Zurechnung · Modell deterministischer und indeterministischer Kausalabläufe · Grundbegriffe im DS-Modell · Materiellrechtliche und prozessuale Perspektiven

Frankfurt am Main · Berlin · Bern · Bruxelles · New York · Oxford · Wien
Auslieferung: Verlag Peter Lang AG
Moosstr. 1, CH-2542 Pieterlen
Telefax 00 41 (0) 32 / 376 17 27

*inklusive der in Deutschland gültigen Mehrwertsteuer
Preisänderungen vorbehalten
Homepage http://www.peterlang.de